校园篮球课程教学方法改革与运用研究

孙 锋　张 靓　叶成龙　著

中国青年出版社

图书在版编目(CIP)数据

校园篮球课程教学方法改革与运用研究/孙锋,张靓,叶成龙著. --北京:中国青年出版社,2024.11.
ISBN 978-7-5153-7572-4
Ⅰ.G841
中国国家版本馆 CIP 数据核字第 2024JN8375 号

校园篮球课程教学方法改革与运用研究

作　　者:孙　锋　张　靓　叶成龙
责任编辑:刘　霜　罗　静　邵明田
出版发行:中国青年出版社
社　　址:北京市东城区东四十二条 21 号
网　　址:www.cyp.com.cn
编辑中心:010－57350508
营销中心:010－57350370
经　　销:新华书店
印　　刷:北京联兴盛业印刷股份有限公司
规　　格:710mm×1000mm　1/16
印　　张:9.75
字　　数:132 千字
版　　次:2024 年 11 月北京第 1 版
印　　次:2024 年 11 月北京第 1 次印刷
定　　价:68.00 元

如有印装质量问题,请凭购书发票与质检部联系调换
联系电话:010－57350337

前　言

　　篮球运动既是一项集体运动,也是一项综合运动,具有集体性、对抗性、时空性、综合性等特点。篮球运动从产生之时起,就逐渐形成了独有的篮球文化现象,而且这项运动在学校中盛行后,更是形成了独特的校园篮球文化。篮球运动进入校园,对学生各方面素质的培养具有重大意义。

　　本书共有六章内容,第一章对篮球运动与校园篮球进行了阐述,包括篮球运动与学校的渊源、篮球运动的演进发展、我国的篮球运动、校园篮球运动的特点与作用及校园篮球运动的发展趋势;第二章介绍了篮球运动教学改革的历史与必然性;第三章介绍了校园篮球课程的开展与建设,包括我国校园篮球课程的开展策略、校园篮球隐性课程的开发和精品课程的建设;第四章介绍了校园篮球课程智能教学方法,包含篮球心智能力相关理论的阐述和分析、篮球心理能力训练内容与方法、篮球智能训练的理论与方法;第五、第六章介绍了校园篮球课程常规教学方法的改革与应用,校园篮球课程体能教学方法的改革与应用。

　　校园篮球课程教学的质量,直接影响篮球人才培养目标的实现成效。而教学方法是教学过程整体结构中的重要组成部分,是实现篮球教学目标的重要途径和手段,只有解决方法问题,才能高质量地完成教学任务。本书着重研究我国校园篮球课程教学的开展及教学方法的改革创新,并在与当前实际情况紧密结合的前提下提出切合实际且具有可操作性的改革意见和建议。希望本书能够为推动新时期我国校园篮球的发展，提高校园篮球课程的教学效果，为我国培养更多优秀的篮球后备人才做出一份贡献。

笔者在写作本书的过程中，查阅和借鉴了大量的相关资料，在此，向其作者表示诚挚的感谢。此外，在写作本书的过程中，也得到了相关专家和同行的支持与帮助，在此一并致谢。由于水平有限，书中难免出现纰漏，敬请广大读者批评指正。

目　录

第一章　篮球运动与校园篮球概述 …………………………………… 1
- 第一节　篮球运动与学校的渊源 ………………………………… 1
- 第二节　篮球运动的演进发展 …………………………………… 4
- 第三节　我国的篮球运动 ………………………………………… 10
- 第四节　校园篮球运动的特点与作用 …………………………… 14
- 第五节　校园篮球运动的发展趋势 ……………………………… 19

第二章　篮球运动教学改革的历史与必然性 ………………………… 23
- 第一节　篮球运动教学训练的发展演化 ………………………… 23
- 第二节　篮球运动教学的发展历史与现状问题 ………………… 28
- 第三节　篮球运动教学改革的政策导向 ………………………… 33
- 第四节　篮球运动教学改革的发展趋势与特点 ………………… 34

第三章　校园篮球课程的开展与建设 ………………………………… 37
- 第一节　校园篮球课程的开展策略 ……………………………… 37
- 第二节　校园篮球隐性课程开发 ………………………………… 42
- 第三节　校园篮球精品课程建设 ………………………………… 48

第四章　校园篮球课程智能教学方法 ………………………………… 55
- 第一节　篮球心智能力的相关理论阐析 ………………………… 55
- 第二节　篮球心理能力训练的内容与方法 ……………………… 69
- 第三节　篮球智能训练的理论与方法 …………………………… 86

第五章　校园篮球课程常规教学方法的改革与应用 …………… 90
　第一节　校园篮球课程教学方法的现状与改革思路 ………… 90
　第二节　微课教学法在篮球教学中的应用 ………………… 95
　第三节　体验式学习法在篮球教学中的应用 ……………… 99
　第四节　学导式教学法在篮球教学中的应用……………… 103
　第五节　篮球课程教学方法的组合应用…………………… 106

第六章　校园篮球课程体能教学方法的改革与运用…………… 128
　第一节　篮球运动体能训练相关理论阐析………………… 128
　第二节　青少年篮球运动员体能训练存在的问题………… 135
　第三节　校园篮球课程教学中体能训练方法的改革与运用…… 137

参考文献 ………………………………………………………… 145

第一章 篮球运动与校园篮球概述

第一节 篮球运动与学校的渊源

一、篮球运动的起源

在历史的进程中,19世纪中期之后的美国,垄断资本的统治使得经济快速发展,国力日益强盛。这种繁荣的态势也带动了科学、文化、教育等领域的飞跃。"进步主义教育"在这个时期备受瞩目,其对学生体力和智力发展的重视,推动了美国学校体育改革的深入。普及教育延伸到中学,大学开设体育专业教育,体育在学校教育中的重要地位得以确立,部分州甚至明文规定要求对学生进行正规的体育训练。

美国东部地区因入冬早且天气寒冷,在冬季缺乏合适的室内集体运动项目。在此背景下,马萨诸塞州斯普林菲尔德市基督教青年会干部学校的体育教师詹姆斯·奈史密斯博士,从当地民间儿童摘桃投入桃筐的活动中获得灵感。经过反复尝试,他在1891年成功发明和设计出可在室内进行的篮球游戏。这个游戏在后来的岁月里,不断经过完善和发展,最终成为在全球范围内广受欢迎的体育运动项目之一。

篮球运动起源于学校,最先是作为体育课的游戏活动出现的。1891年12月21日在青年会体育馆内,奈史密斯将他任教的秘书班18人,分成两队,每队9人,以足球为工具,队员将球投入挂在室内两侧墙壁上离地面10英尺(约3.05米)高的装桃子的篮筐内。游戏开始时把球抛向两队队长之间,双方展开争夺,对场上人数、场地大小、比赛时间均无严格要求,只须参赛双方队员人数相等。这场游戏经过激烈的竞争最终只投中一球,以1∶0结束,这是篮球史上最早的比分,也由此诞生了新的运动项目——篮球。它从诞生就深受广大学生和民众的喜爱,由于这种游戏争夺激烈、趣味性强、容易掌握,很快在美国学校中流传开来。

二、最早的篮球竞赛规则

1892年,奈史密斯先生精心编写的《青年会篮球规则》成为篮球运动早期发展的重要基石。这份规则涵盖了五项原则,为篮球运动的开展确立了基本的方向和规范。同时,其中的十三条规则更是对篮球比赛的各个方面做了细致的规定,从比赛的场地要求、球员的行为规范,到得分的判定方式等,都有明确的说明。

(一)五项原则

1.选用体积不大且较为轻便、能够用手进行操控的球。

2.不允许持球奔跑。

3.在任何时候,都不能对两个队的任何队员获取正处于比赛进程中的球加以限制。

4.对队员之间的身体接触进行严格限制。

5.球篮须安装在较高处,并且应当处于水平状态。

(二)十三条规则

1.球员能够用单手或者双手朝着任何方向扔球。

2.球员可以用单手或双手向任何方向拍球、抢球、打球,但是绝对不能使用拳头击球。

3.球员不允许带球奔跑,接球队员能够在快速跑动中进行急停接球,但必须在接球地点将球掷出。

4.必须用手拿着球,而不可以用头顶球、用脚踢球。

5.球员不可以用肩撞、手拉、手推、手打、脚绊等方法来对付另一方的队员。如果违反了此项规则,第一次会被认定是犯规;第二次再次犯规的话,就会令其停止比赛,直到投中下一个球之后才被允许重新上场参加比赛;倘若故意犯规伤害对方队员,那么就会取消他参加整场比赛的资格,并且不允许进行替换。

6.用拳击球的行为就是违反了第3条和第4条规则所叙述的内容。

7.如果任何一方连续犯规三次,就要算作对方命中一球。连续犯规的意思是指:在一段时间当中,对方队员没有发生犯规,而本方队员接连出现犯规情况。

8.如果防守者没有触碰到球或者干扰球,当球投入篮内并且停留在篮里的时候就视为投篮命中。如果球停在篮筐上,而对方队员触动或者移动了篮筐,也算是命中一球。

9.当球出界的时候,由对方的一个队员将球掷入场内。倘若存在争议,裁判员会在靠近出界的边线外将球扔进场内。掷界外球的时候,应当在5秒钟之内将球掷入场内,超过5秒钟的话,就会判给对方发球。如果故意延迟时间,就会被判犯规,连续三次犯规的话就会取消比赛资格。

10.副裁判员是球员的仲裁者。他需要留意犯规的情况,当某队员连续三次犯规的时候,他要通知裁判,并且有权根据规则第五条取消队员的比赛资格。

11.裁判员是球的仲裁者。他可以决定什么时候球处在比赛状态,球在界内属于哪一队及进行计时、记录得分,还有其他通常由裁判员执行的职责。

12.比赛在两个15分钟内进行,中间休息5分钟。

13.比赛时间到了之后,以球命中多的一方获胜。如果是平局,经过双方队长的同意,比赛可以延长至再命中一球为止。

在篮球运动的早期发展阶段,这13条竞赛规则虽显稚嫩,却有着至关重要的意义。球员在扔球、拍球、接球等方面有着明确的规定,既保证了比赛的公平性,又为球员的技术发挥划定了界限。不允许带球跑、用特定方式持球等规则,规范了比赛的进行方式。对球员之间身体接触的严格限制,以及对犯规行为的明确处罚,确保了比赛的秩序和安全性。球命中的判定方式及裁判员和副裁判员的职责规定,为比赛的公正裁决提供了依据。尽管这些规则存在不系统、不完整和不够明确的地方,但它们为篮球运动的初期发展奠定了基础,极大地推动了篮球运动从无到有,逐步发展壮大。

第二节 篮球运动的演进发展

现代篮球运动的演进发展,大体经历了以下五个时期。

一、初创试行时期(19世纪90年代～20世纪20年代)

在篮球运动诞生之初的1891年,整个运动处于一种较为原始的状态。由于缺乏明确的竞赛规则,无论是场地的规模还是参与的人数都充满了不确定性。室内那狭长的空地成了篮球运动最初的舞台,两端的桃筐则是目标的象征。竞赛开始时,参与者被分为人数均等的两队,整齐地横排在场地两端的界限之外。当主持竞赛人将那与现代足球大小相近的球在边线中心点抛向场地中心后,两队人员迅速行动,集体朝着落球地点奋力奔跑抢球,紧接着便开启了紧张激烈的攻守对抗。这种早期的篮球竞赛形式虽然简单粗糙,却为后来篮球运动的发展奠定了基础。

为使游戏比赛能够合理进行,1892年奈史密斯制定了原始的篮球规则。在1893年至1897年这段时间里,规则得到不断充实,竞赛程序得以简化,这使得篮球比赛更加流畅和易于操作。取消篮子底部这一举措,以及对比赛场地进行三段区域的划分,为比赛的进行提供了更加明确的空间界定。确定比赛要求并限制队员间身体接触部位,有助于规范比赛行为,减少不必要的冲突和争议。而到了1915年,美国国内统一了必须执行的比赛规定,进一步推动了篮球运动的规范化发展。随着时间的推移,比赛场地不断变革,各种区位限制线的增设,如中圈、灯泡式限制区和罚球线等,使得比赛更加公平、公正,也更加具有观赏性和竞技性。不久又增加了中线,球场界限已有雏形。随着时间的推移,开始逐步采用带有网的铁质篮圈和木质的、与现代使用较为相似的篮板装置。这一变化不仅在外观上使篮球比赛的设施更加完善,也在实际比赛中提升了比赛的公正性和观赏性。竞赛程序的改变,由中圈跳球开始,为比赛注入了更多的公平性和竞技性元素。队员能够换手运球,增加了比赛的灵活性和战术多样性。同时,队员有了锋、卫的位置分工,前锋和中锋在前场展开进攻,后卫负责守卫投篮并将球传给中场和前场的中锋与前锋。这种明确的位置分工使得比赛更加有序,各位置球员能够更好地发挥自己的特长,为团队的胜利贡献力量。至此,现代篮球运动的基本形态得以形成。

1904 年美国队在第三届奥运会上举行的国际第一次篮球表演赛具有重要的意义。它向世界展示了篮球这项新兴运动的魅力。随着时间的推移,到了 20 世纪 20 年代末,尽管国际上仍未形成统一的规则,但上场队员的数量已基本确定为五名,这为后续篮球比赛的标准化奠定了基础。在这个时期,罚球时攻、守队员分列站位,攻守技术相对单一,主要以双手进行几个传、投的基本动作。竞赛中,单兵作战成为主要的攻守形式,而布阵的战术配合还处于萌芽状态,尚不明晰。整体而言,此时的篮球运动仍处于初级发展阶段,还有很大的成长空间和发展潜力等待挖掘。但自1891~1920 年,篮球运动由于富有趣味性,迅速在美国各类学校中推广开来,并于 1926 年开始有了职业篮球队联赛。在那个特定的历史阶段,美国文化与宗教呈现出向外扩张的态势。而篮球运动作为美国文化的一部分,也搭乘着这股扩张的潮流开始走向世界。基督教青年会组织在其中发挥了重要的桥梁作用,通过其广泛的活动网络,将篮球运动介绍到不同的地区。同时,教师与留学生之间的交往也成为篮球传播的重要渠道。他们将篮球运动带到自己所前往的国家和地区,与当地的人们分享这项充满活力的运动。就这样,篮球运动逐步在美洲、欧洲、亚洲、澳洲及非洲的个别国家和地区落地生根,开启了其在全球范围内的发展历程。

二、完善、推广时期(20 世纪 30~40 年代)

进入 20 世纪 30 年代后,篮球运动展现出强大的生命力,在世界范围内迅速传播开来。随着各国篮球运动的开展,技术水平不断攀升。曾经以单兵作战为主的形式逐渐被更为丰富的多人配合方式所取代,如掩护、协防、策应和突破分球等配合战术开始广泛应用。为了更好地促进篮球运动在全球的发展,国际业余篮球联合会应运而生。来自不同国家的代表齐聚瑞士日内瓦,以美国大学生篮球竞赛规则为蓝本,制定了国际统一的竞赛规则。这些规则涵盖了竞赛人数、场地设置、时间规定及犯规处罚等多个方面,为篮球运动的国际化发展提供了标准和规范。球场面积的确定、进攻限制区的增改及各种时间规则的设定,使得比赛更加公平、合理。而对犯规处罚的明确规定,也保证了比赛的公正性和竞技性。这些规则的制定,为篮球运动在世界各国的普及和发展奠定了坚实的基础。

在1936年第11届奥运会时,篮球运动被正式列为男子竞赛项目。奥运会后国际业余篮球联合会宣告成立,并出版第一部国际统一的篮球规则。竞技篮球运动正式诞生,并成为一项现代竞技运动,开始登上国际竞技舞台。

到了40年代,随着篮球技术、战术的不断演进发展,特别是运动水平的提高和高大队员的涌现,篮球规则进一步充实修改。例如将进攻限制区扩大为5.80米,严格规定了侵人犯规法则和违例法则,篮板的形式逐渐规范为长方形和扇形,为比赛提供了更加明确的标准。球场罚球区两侧至端线设置的队员分区站位线,进一步优化了比赛的秩序。随着时间的推移,篮球技术和战术不断推陈出新、日益充实。从单一的技术动作逐渐发展为成体系的战术配合,集体对抗性成为篮球运动的主要发展方向。到40年代末,进攻中的快攻、掩护、策应等战术,以及防守中的人盯人防守、区域联防等战术阵型和配合,在各国篮球队中得到广泛应用。这些战术的运用,不仅提高了比赛的观赏性,也使得篮球运动更加具有策略性和竞技性。此时,篮球运动在国际上迈入了完善与推广的新时期,为其在全球范围内的蓬勃发展奠定了坚实的基础。

三、普及、发展时期(20世纪50~60年代)

在历史的进程中,20世纪50年代是一个具有重要意义的时期。随着二战的结束,世界迎来了和平发展的机遇,篮球运动也在这样的大环境下蓬勃发展。其在世界各地广泛传播,越来越多的人参与其中,使得国际篮联的会员国数量快速增长。在国际大型运动会上,篮球成为正式比赛项目,进一步提升了其影响力。这一时期,篮球运动的技术和战术不断创新,而规则也在不断调整以适应新的发展,两者相互作用,共同推动着篮球运动前进。在众多因素中,篮球运动员的高度逐渐凸显出来,成为决定比赛胜负的关键因素之一。一种以高大队员强攻篮下为主要特点的固定型中锋打法应运而生,并迅速流行开来。尤其是在男、女首届世界篮球锦标赛分别在阿根廷和智利举行后,高大队员在赛场上的卓越表现,对国际篮球运动产生了强烈的冲击,引领了篮球运动发展的新方向,迫使篮球规则在场地、区域划分和时间上对进攻队加强新的限制。如50年代将篮下门字型限制区扩大成梯形限制区,一次进攻限制为30秒,持球队员在前场被严密防守5秒应判争球。60年代中期也曾一度取消中场线,但60年代末又恢复了中场线等。攻守区域的限制起到了规范比赛的作用,而高度与速度的相互作用则为篮球技术和战术的发展注入了新的活力。快攻及"0"字移动掩护突破进攻等进攻手段,与全场人盯人防守等防守策略相互呼应,在比赛中成为以速度和灵活性对抗高度优势的有效方式。随着时间的推移,到了60年代末,世界篮球运动呈现出多元化的发展态势。美国队的高度与技巧相结合的美洲型打法,苏联队的高度、力量和速度相结合的欧洲型打法,以及韩国、中国队的小、快、灵、准相结合的亚洲型打法,各具特色,共同丰富了篮球运动的内涵。这些不同的打法风格,反映了不同地区篮球运动的特点和优势,也为篮球运动的普及和发展提供了更多的选择和可能性。篮球运动由此跨入一个全新的普及与发展的新时期。

四、全面提高时期(20世纪70~80年代)

在篮球运动的发展历程中,20世纪70年代以后迎来了新的变革。随着运动员身高的快速增长,众多身高2米以上的队员涌现在篮球赛场,这极大地改变了比赛的格局。组合技术和综合战术的形成,使得比赛更加精彩和富有策略性。篮球竞赛对空间的激烈争夺,让比赛如同巨人们的"空间游戏"一般。为了保持比赛的平衡性和竞技性,规则对高大队员的进攻进行了更多的约束和规范,以激发防守队伍及身高不占优势队伍的积极性。在这一时期,1973年至1978年间,竞赛规则对犯规情况进行了多次调整,通过增设追加罚球的规定,进一步规范了比赛行为,确保比赛的公正公平。这些调整和变化,推动着现代篮球运动不断向前发展,迈向更高的水平,促使防守与进攻技术和战术在新的制约条件下,既重视力量又重视技巧、既有高度又有速度、既促进进攻又鼓励防守,使攻守平衡发展,同时又有力地促使运动员由身体形态、体能素质、技术应用型向智慧、技巧、多变的综合性方向发展,原本传统单一的攻击性技术、机械的战术配合及相对固定的阵型打法逐渐失去主导地位。取而代之的是全面的对抗技术、快速技术和高空技术在结合运用与应变中展现出的技艺化。全面技术的运用使得进攻手段更加丰富多样,整体型和综合性的打法强调团队协作和战术的灵活多变,频繁移动穿插掩护的运动打法则增加了进攻的机动性和不可预测性。这种转变不仅提升了比赛的观赏性,也对球员的技术水平和团队配合提出了更高的要求,推动着篮球运动不断向更高水平发展。

在1976年的第21届奥运会篮球赛和1978年的第8届男子世界篮球锦标赛中,运动员们展现出诸多显著特征。他们拥有高大的身材,在赛场上施展高超的技巧,行动速度极快,比赛过程充满变化,比分差距也较为明显。其中,高空技术的发展尤为突出,为篮球比赛增添了新的看点和竞争力。女篮在1976年正式列入奥运会竞赛项目,标志着女子篮球运动在世界体育舞台上迈出了重要一步。这些赛事不仅展示了篮球运动的魅力,也推动了篮球技术的不断进步和发展,展示出现代篮球运动进一步向立体型发展的新趋势、新特点。而这一趋势的特点到20世纪80年代则更为突出和明显。为此,1984年篮球竞赛规则对进攻时间、犯规法则又做了新的修改,球场面积扩大为28米×15米,设立了远投区和制定了三分球规定等,现代篮球运动向更高水平的方向发展。

五、创新攀登时期(20世纪90年代~21世纪初)

1990年,国际业余篮球联合会完成了名称的更改,成为国际篮球联合会。这一变化还伴随着对职业篮球运动员参加国际篮球比赛限制的取消。由此,众多优秀的职业篮球运动员登上国际篮坛,为其注入了全新的理念、前沿的技术及创新的战术。在这一发展进程中,1992年巴塞罗那举办的第25届奥运会及1994年的第12届世界男篮锦标赛具有重要意义。美国"梦之队"和"梦之二队"的精彩表现,将篮球运动的技艺展现得淋漓尽致,使其更加充实完美。同时,他们所运用的战术打法也更为简洁高效,实用性极大增强。这些队伍的精彩演绎推动了篮球运动在全球范围内的进一步发展和提升,世界篮球运动发展跨入竞技化、智谋化、艺术化一体的新时期,即创新攀登高峰时期。在这段时期里,众多集高度、强壮、强大、快速、灵巧等优点于一身的出色运动员纷纷涌现。在篮球领域,高空技术和高空战术取得了新的突破,运动员之间的身体对抗程度不断加剧。与此同时,快速技术、战术及攻守之间的转换也迎来了新的发展机遇。明星球员在比赛中的作用格外显眼,令人关注。防守方面表现出更强的攻击性、破坏力及集体协作性。欧洲的整体性篮球及非洲篮球的迅速崛起,必将对世界篮球的格局产生重大改变。

在1999年12月之际,国际篮联推出了新的篮球规则体系。其中包含诸多方面的调整,像比赛的节次划分及每节比赛时长的设定,进攻时间和球推进前场时间的改变,技术犯规后的处罚规定及各队犯规次数达到一定程度后的罚球处置等。同时,奥运会和世界锦标赛可实行三人裁判制度。可以看出,现代篮球运动不管是男子赛事还是女子赛事,未来的发展方向都将聚焦于智慧、高度、速度、全面性、准确性、凶狠性、变化性等方面,并且在技术与战术的运用层面朝着更加精湛的技艺化方向前行。此外,还会展现出多种风格、不同的打法,具备高度的文化内涵、观赏价值和商业价值等新趋势。展望未来的篮球发展,规则必然会持续经历新的修订,而每次的规则修改都将围绕时间、空间、速度、高度等要素展开,致力于提升技艺、谋略及凶悍的对抗程度,提高篮球运动的艺术观赏价值,促使攻守技术与战术在平衡的基础上向更高的层次不断发展。

篮球运动从发明游戏活动到竞技运动,继而进入科学化发展阶段,已有百余年的历史。到1999年年末的时候,总计有200个国家和地区成为国际篮球联合会的成员。此时,篮球运动毫无疑问地成为国际体育组织里单项运动中拥有最多人口参与、最受世界民众喜爱的体育项目。正因如此,篮球运动在职业化和社会化的道路上踏出了新的一步。展望未来,篮球运动将会继续沿着"高身材""快速度""高精度""多变化"及"女篮技术向男子化靠拢"的方向前行,并且在技术和战术的运用方面朝着更加精湛的技艺化方向不断发展。

第三节 我国的篮球运动

一、篮球运动传入我国学校

现代篮球运动是通过校园活动的方式传入我国的。1895年(清朝末期),由美国基督教青年会传教士、第一任总干事David Willard Lyon博士(中国名字叫李昂)介绍传入我国天津市。因此,天津市是我国篮球的起源地。在1895年12月8日这个特殊的日子里,我国的第一次篮球游戏表演在天津市的基督教青年会精彩上演。此后,篮球这项运动开始逐步扩散。在华北地区,它从天津市向北京、保定等城市蔓延;在华东地区,它沿着沿海和沿江的路线,走进了上海、南京、苏州、杭州等城市;在华南地区,它传播到了广州、香港等地;在华中地区,它抵达了武汉。同时,它还在内地的其他省市的青年会组织和教会学校中流行开来,并逐渐向整个社会推广。

篮球运动传入我国天津以后,迅速地在学校发展起来,天津新学书院班班有篮球队,该校还于1926年代表天津取得了华北的冠军。北京通州潞河中学、河北省立第十七中学、北京汇文和育英等学校的篮球运动也蓬勃开展起来,我国老一代的篮球名将牟作云、张兆基、许忠等人就出自北京的育英中学,他们代表国家队取得了辉煌的成就。上海昌世中学、杭州的惠兰中学、广州的培正中学和广州的培英中学等学校,也为我国培养了大量的篮球人才。上海沪江大学、圣约翰大学也培养了许多国字号的篮球名将,如凌宪扬、黎宝骏、陆钟恩等。尤其是天津的南开大学篮球队在1928年获得华北区篮球赛冠军,并应邀赴上海,连胜华东区篮球冠军沪江大学队等三支著名篮球队;1930年在天津获万国篮球赛冠军,同年代表天津参加第四届全国运动会获篮球冠军,并代表中国参加第九届远东运动会。南开篮球队威震远东,"南开五虎"名扬神州大地。

二、篮球运动在中国的发展

篮球运动在我国的发展之路并非一帆风顺,而是经历了一个充满波折的历程。在不同的历史时期,政治环境、经济状况、文化氛围及教育水平等因素各不相同,篮球运动在我国的传播与普及的广度和深度,以及发展与提高的速度和水平,也都随着这些因素的变化而不断调整。当政治稳定、经济繁荣、文化昌盛、教育发达时,篮球运动往往能够得到更广泛的传播和更深入的普及,发展速度也会加快,水平也会不断提高;反之,当这些因素不利时,篮球运动的发展就会受到一定的阻碍。篮球运动的传入、普及、发展和繁荣都离不开学校,与学校的发展紧密联系在一起。

(一)传播期

篮球运动在传入中国之后,未能引起当局的高度关注,也没有开展有组织性的传播和普及工作,基本处于一种随意发展的状况。不过,因为篮球运动有着特殊的趣味特性和健身作用,所以深受青少年学生的青睐。历经近十年的传播时间,篮球运动才渐渐在二十世纪初的时候,成为大、中学校里的主要体育活动项目,并且由学校向社会扩散开来。例如当时天津市的南开学校、高等工业学校、省立一中,北京市的清华学校、汇文学校、协和书院,上海市的圣约翰大学、南洋大学、沪江大学,南京市的金陵大学、东南大学,苏州市的东吴大学等这些学校。

(二)普及、发展期

在1949年8月中华人民共和国即将成立之际,由京津两地大学生组成的队伍参与了匈牙利布达佩斯举办的第10届世界大学生夏季运动会的篮球比赛,取得了第六名的名次。随后在1949年10月26日,中华全国体育总会正式成立。自此,我国篮球运动开启了一段崭新的历程,进入了空前的普及、发展和提升时期。历经十余年的实践积累,渐渐形成了一个由群众性篮球活动、学校篮球活动、篮球竞赛和篮球理论研究共同构成的中国篮球运动体系。

为推动我国篮球运动水平快速提高,我国体育管理部门采取一系列措施,大力加快专门队伍的组建步伐。20世纪50年代初,中央体训班篮球队在北京成立。很快,各大地区也陆续组建篮球集训队,积极学习先进经验和打法,更新理念,并踊跃参加国际比赛,在短时间内收获了显著成果,篮球运动由此进入一个全新的发展时期。1955年全国篮球联赛举行后,我国开始建立较为稳定的分级竞赛体系。1956年至1957年期间,又确立了篮球等级升降级联赛制度及教练员、裁判员等级制度。

在历史的进程中,1957年上海体育学院为推动篮球专业的深入发展,举办了篮球研究生班,并邀请苏联专家拉古那维丘斯前来授课。他的专业知识和丰富经验为学员们带来了全新的视角和学习机会。然而,到了1958年,国际奥委会的错误举动给我国体育事业带来了重大影响。他们试图制造"两个中国",这种违背一个中国原则的行为遭到我国的坚决抵制,我国果断退出国际奥委会和国际业余篮球联合会。这一决定虽然减少了我国参加国际大赛的机会,但国内的篮球竞赛活动并未因此而沉寂。相反,国内赛场依旧十分热闹,各种赛事层出不穷。同时,我国加强了与社会主义阵营国家的密切交往,通过交流比赛,我国篮球队伍不断成长进步,战胜了不少欧洲劲旅。在这个过程中,我国篮球界逐渐形成了独特的风格和战术思想。狠、快、准、灵的风格成为我国篮球的特色标志,以我为主、以攻为主、以快为主、以小打大、积极防守的战术指导思想也为我国篮球的发展指明了方向。

1961年,新中国第一部体育院系通用篮球教材正式问世。国家体委为了推动我国篮球运动的更好发展,对我国篮球运动一路走来的历程进行了全面梳理,同时深入研究世界篮球运动的当前态势。立足实际,国家体委多次召集篮球训练工作会议,将焦点放在篮球运动的训练指导思想上。通过这些努力,我国篮球运动在多个重要方面明确了发展方向,包括思想建设层面,为篮球运动的发展奠定正确的理念基础;队伍建设方面,致力于打造高素质的篮球队伍;理论建设上,不断丰富和完善篮球理论体系;赛制建设中,构建更加科学合理的竞赛制度;科学研究领域,积极探索篮球运动的规律和创新发展路径。随着时间的推移,篮球运动的国际交往日益频繁,我国篮球运动的技术水平也不断攀升。在技术和战术上,逐渐形成了具有鲜明特色的风格,"快攻"展现出迅猛的进攻态势,"跳投"增加了进攻的多样性和突然性,"紧逼防守"则给对手带来巨大压力。这三个方面成为我国篮球运动的制胜法宝,推动我国篮球运动走向第一个高峰,在世界篮球舞台上绽放出独特的光彩。

(三)成熟、提高期

1972年12月全国篮球训练工作会议召开。在这次会议上,各方对过往的篮球训练经验进行了全面梳理和总结。通过深入分析和研究,准确把握篮球运动的内在规律及未来的发展走向。充分考虑中国的实际国情和篮球运动的发展现状,确立了极具指导意义的训练指导思想,强调积极主动的比赛态度、勇猛顽强的战斗精神、快速灵活的战术风格及全面准确的技术要求。同时,坚决贯彻"三从一大"的科学训练原则,从难、从严、从实战出发进行训练,通过大运动量的训练方式,提升运动员的竞技水平和综合素质,为中国篮球运动的持续发展奠定坚实基础,篮球运动得到了迅速恢复与发展。1975年,中国篮球协会在亚洲业余篮球联合会的合法席位得以恢复。在1976年的时候,国际业余篮球联合会通过了一项重要决议,恢复中国篮球协会在其组织中的合法地位,同时确认中华人民共和国篮球协会是中国在国际业余篮球联合会当中唯一的合法代表机构。到了1979年,国家开始实施改革开放的政策,我国篮球界积极响应,大力推进改革进程,在训练方面严格要求,在管理方面严格规范,使得篮球运动得以快速发展。在20世纪80年代初的时候,我国篮球成功进入世界强队的行列。

自1995年年末起,中国篮球联赛的赛制转变为跨年度的主客场联赛形式,简称为CBA联赛。历经十余年的改革实践,我国的篮球事业发生了极为深刻的变化,带来了全新的生机与活力,初步呈现出广阔的发展前景。

CBA联赛的举行,吸引了大量篮球爱好者的目光及社会的广泛关注。王治郅、巴特尔、姚明等球员相继进入NBA,其中,姚明被选为NBA历史上第一位外籍状元秀,这一事件大幅提升了中国篮球在国际上的影响力。

巨大的、具有潜力的篮球市场也成功地引起了众多国内外企业的关注,为他们提供了良好的商业契机。而外援球员的到来,对我国篮球运动朝着职业化、产业化和国际化的方向发展起到了积极的推动作用。

随着竞技篮球的发展,校园篮球运动也得到了蓬勃地发展。在1998年的时候,中国大学生体育协会在企业的资金支持下组织开展了CUBA全国大学生篮球联赛。这个联赛在活跃高等院校的校园文化生活方面,以及在学生当中推广篮球运动方面起到了十分积极的促进作用。

第四节 校园篮球运动的特点与作用

篮球运动以篮球为竞赛载体,处于特定的条件约束中,如规则、场地、器材与设备等。在比赛时,对阵双方各遣五名队员上场。参赛的个人和集体以特定的身体素质为根基,以掌握专门的技术和战术方法为途径,以实现对空间的主动掌控为目标,以夺得球权为焦点,以把握时间和速度为保障。该运动在地面与空间交错进行立体式对抗,努力在攻守转换中获得球权并展开投篮得分,依据得分高低判定比赛胜负。

一、篮球运动的特点

篮球运动具有显著的本体运动特性,其中最为主要的是其围绕高空篮球所进行的集体攻守对抗活动。在篮球运动中,所有的行动都是为了实现让参与者能够将篮球更迅速、更出色、更多次地投入高空篮筐,同时阻止对手完成这一动作。由此可见,"高"是篮球竞技的努力方向,"准"是篮球运动的期望目标。因此,在高速且高强度的对抗条件下,追求高度、力求精准成为篮球运动最为重要的本体特征。

篮球运动具体有以下特点:

(一)空间对抗特点

从运动竞技的特殊性角度出发,篮球运动具备自身特殊的高空运动规律,在其运动进程中展现出本体运动对高空的控制特点。篮圈牢牢固定在离地3.05米的篮板处,篮球向篮圈内投去,所以在瞬时状态下,主动去拼抢控制球和控制空间,使得参与篮球竞赛的双方展开由众多元素构成的不同战术阵型和技术手段的立体型攻防,并且不断地进行转换,彰显出现代篮球运动特有的高空运动规律与特色。

(二)内容多元特点

现代篮球运动在内容结构方面展现出多元化的特质,正因为如此,它构建起了专属于自身的独特理论体系及技术、战术体系,进而成为一门具有交叉属性的边缘学科课程。其具体内容包括与篮球运动相关的现代科学和学科范畴;拥有特殊的运动意识与气质、特定的身体形态条件和生理机能,还有良好的心理素养、坚韧的意志品质及崇高的道德风尚;此外,还涵盖专门的基本功、专项技术动作及战术配合方法体系和实际战斗能力;等等。这些方面的作用,促使篮球运动的内容结构朝着更为科学化、独特化及多元化的方向不断迈进。

(三)多变综合特点

篮球运动始终处在动态的状态下持续发展和演进,从较为低级的阶段逐步向高级阶段迈进,不断进行创新发展,如今已成为一种综合性的竞技艺术形式。正因为这样,篮球比赛的过程相比其他球类运动要复杂得多,其技术动作繁多,战术阵型多种多样。明星队员对篮球技术的掌握及创造性运用已然达到了技艺高超、极具艺术感的程度,从而让篮球比赛的过程充满了蓬勃的生机与活力。围绕空间的瞬间变化而展开的激烈争夺,体现出个体的单独作战与协同集体配合彼此融合;空间上的攻守和地面上的攻守相互结合;空间与时间紧密结合;拼斗的对抗性与计谋策略、精湛技艺相互结合。综合地展现出世界各支强队主体型的、各种不同类型的具有多变性的攻守风格形式和打法特点。基于此,在比赛千变万化的状况下,以保持稳定不变来应对各种变化,掌握自主变化的主动权去扰乱对手,就能够从变化当中获取主动。如此一来,也使得比赛更加精彩绝伦,令人心弦紧绷,体现出竞争过程中的悬念自始至终贯穿其中,更具有独特的戏剧性和观赏价值。

(四)健身、增智特点

篮球运动具备综合性、非周期性集体活动的特质。这一特质是由篮球运动在内容结构上的多元性及竞赛过程的多变性和综合性特征所决定的。参与篮球竞赛和各类篮球活动,有益于培养活动参与者的综合能力素养,能够强健体魄、放松身心、增长学识,对锻炼综合才能、启迪人的智慧及培养优良的道德品质和顽强意志发挥着积极的促进作用。例如,篮球运动技术、战术系统的实际操作与实战运用过程,是在充满对抗且处于不断变化的特定时间、距离、场地及设施条件下,通过跑、跳、投等手段来达成的。在此过程中,人的智力、生理及心理都会受到各种复杂因素的综合影响。适度地参加篮球活动,对提升人的生理机能,特别是内脏器官和感受器官的功能及中枢神经系统的支配能力,同时全面提高身体素质和心理修养等方面有着积极的效用。

(五)启示、教育特点

篮球活动在世界众多的国家与地区普及,堪称开展最为广泛、最具群众性且社会影响极为特殊的体育项目,亦是全球性的社会文化、体育学科门类及现代人类社会生活的重要表现形式。这是因为篮球竞赛和各类篮球活动进行之际，能够为人们带来心理、生理及日常生活修养等诸多方面的启示，故而充满着蕴含丰富教育因素的内容。由此可见，篮球运动在提高社会成员的道德、精神、人格素质，增强集体主义精神，活跃社会生活，促进社会交往，增进国家与民族的自尊、自强等方面，均具有不可忽视的社会综合素质教育价值。正因为如此，世界各大洲每年都会以不同形式组织各类重大篮球竞赛活动，吸引数以亿万计的民众参与其中，充分展现出其卓越的社会教育活动价值。

（六）职业、商业化特点

篮球运动的商业性特点是与它的发展和职业化进程紧密联系在一起的，它的经济价值是逐步被发现的。在初期，人们发现包括篮球运动在内的体育活动能增强人的体质、提高劳动效率、减少疾病、降低医疗费开支。20世纪40年代美国职业篮球运动的兴起和1992年允许职业篮球运动员参加奥运会的比赛，使得篮球运动与经济发展紧密结合起来。随着篮球运动职业化进程的加快，篮球运动在门票、服装、广告、电视转播等方面已形成一个产业链，产生了巨大的经济效益。

职业篮球不仅在美国，而且在欧洲、亚洲、大洋洲、非洲和南美洲的许多国家开展起来。从经营收入方面看，历史最短的NBA，在美国篮球、棒球、冰球和橄榄球四大职业体育组织中已位列榜首。

二、篮球运动的作用

（一）提高生命活力

篮球运动中，跑、跳、投是最为主要的运动形式，具有较高的运动强度，能够全面、高效且综合性地促进身体素质与人体机能的整体提升，为人们的各类活动打造坚实的身体根基，从而提升生活的质量水平。

（二）满足多种需求

相比于其他运动项目，篮球活动的形式丰富多彩，具有更高的参与性、趣味性、应变能力、娱乐价值和竞技属性等,可满足不同人群的各类需求。篮球活动的形式会根据不同的人发生变化,运动量可以随意加以调节,所以适合各类人群广泛地参与进来。各类不同的参与者都能够在活动场上寻找到展示自我的方式,满足自身不同等级的需求。

(三)促进心理健康,提高社会适应能力

在当今社会,高效率和快节奏的生活状态限制了人们的沟通与了解,但是篮球场却为人们创造了机会。篮球活动能够切实地缓解工作压力,良好的竞争氛围又能塑造健康的心理适应能力和承受能力,对参与者的心理健康进行调整和维护。并且,篮球作为集体项目的杰出典范,在增多交流的同时,更可以有效地培育团结协作的集体主义精神等优良的体育道德,促使参与者正确认识和处理好个人与集体、竞争与合作的关系等事宜。

(四)促进个性的发展和完善

经由开展练习和参与比赛,可促使参与的人在个性的培育、自信心的增强、情绪的调节、意志力的锻炼、进取心的激发、自我控制与约束等方面获得良好的发展。同时,也可以培养参与者团结奋进、努力合作、文明自律、遵守法律规范、尊重他人等良好的道德品质和集体主义精神。

(五)促进创新能力的培养

篮球活动属于充满创新元素的一项活动。所有的技术与战术既具备原理和规范,又包含着个人各异的表现风格,不存在固定不变、僵化死板的模式。每一个人、每一支队伍都可以用自身的方式来表达自己对篮球的认知。正是由于它的复杂性和变化多端,参与者必须按照当时的情形随机应变,迅速、果断且快速地做出回应行动,通过观察进行分析评判并拿出切实可行的应对办法。而这所有的一切,都要求参与者凭借自己的智慧创造性地去处理场上出现的各类问题,从而有力地提升创新能力。

(六)培养分析问题和解决问题的能力,提高智慧

由于篮圈高高地悬挂在空中,而篮球则有可能出现在任何一个位置,

这样的情况就注定了在篮球场上必然要展开地面与空间的全方位立体式对抗。在篮球这项运动中，所有的行动无一例外都会受到不同对手的限制和约束。这也就要求参与者必须依据自身的实际实力，同时结合不同的对手进行深入细致的分析比较。要充分发挥斗智斗勇的拼搏精神，做到善于发挥自身优势、避开自身劣势，进而实现战胜对手的目标。像这样的过程，能够切实有效地促进参与者在心理方面（其中涵盖了智力、意志力、个性等多个层面）、技能水平、观察能力及应变能力等综合能力的提升。它可以锻炼和培养参与者发现问题的敏锐洞察力、分析问题的严谨逻辑思维及解决问题的高效行动力。

另外，篮球运动除了上述的众多重要作用之外，还具有极为显著的培养团队精神的重要功效。在篮球比赛的过程中，队员们需要紧密地配合、相互之间协同协作，共同为了获取胜利而全力以赴地努力奋斗。这种团队合作的精神不但在篮球场上发挥着至关重要的作用，而且也会对参与者在日常生活和工作当中产生积极而深远的影响。在日常生活中，具备团队精神的人能够更好地与他人相处、合作，共同解决生活中的各种难题。在工作场合，团队合作精神可以促进同事之间的沟通与协作，提高工作效率，共同为实现工作目标而努力拼搏。这种团队精神的培养，不仅有助于个人的成长和发展，也有助于构建更加和谐、团结的社会环境。

第五节　校园篮球运动的发展趋势

一、强调智谋，即要求运动员、教练员用智慧进行科学拼搏

篮球运动绝不仅仅只是一项单纯的身体对抗竞技活动，它更是一项深深蕴含着科学智慧的运动。

真正善于打篮球的人，会充分运用自己的头脑去深入思考每一个战术决策，用敏锐的意识去细腻感知场上的局势变化，用满怀热忱的灵魂去

全情投入每一场激烈的比赛当中。对世界上那些出类拔萃的优秀运动员而言,沿着这条用头脑去思考、用意识去感知、用灵魂去投入的打球道路奋勇前行,无疑是他们取得卓越辉煌成就的必然选择。

二、强调高度,即普遍重视运动员自然高度和提高制空能力

现代篮球中"高"的具体表现主要有以下这些:国内外的众多强队普遍高度重视球队整体的平均身高的不断增长。他们在极为重视运动员自然身高增长的基础之上,还普遍着重于战斗作风的精心培养,全力以赴地着力塑造强悍的精神品质,并且大力投入以提高运动的制空能力。与此同时,他们通过不断强化力量及提升弹跳能力,从而进一步提升制空能力。此外,各个队伍还普遍高度重视对高大队员进行综合性、多元性的特殊训练。这样的特殊训练广泛地涵盖了技术、战术、体能、心理等多个重要层面。其目的在于使高大队员不仅仅具备身高方面的优势,还能够在智慧、速度、强度等诸多方面实现全面发展。如此一来,高大队员便能更好地适应现代篮球比赛的严格要求,进而为球队在异常激烈的竞争当中赢得胜利奠定坚实无比的基础。

三、强调准确性,即以投篮准为目的的意识进一步增强

在球队当中,存在着数量庞大的三分球投手。他们的命中率展现出普遍且大幅度提升的良好态势。这些投手的投篮距离极为遥远,投篮点的分布更是广泛至极。他们对于自身个体动作的掌控能力普遍处在较高的水准之上,表现得极为精准。在球队进行攻守转换的进程里,速度犹如闪电。在技术转化及战术判断时间方面,其准确性已然达到了相当高的层级。球队对投篮基本功的训练给予了高度的重视。一方面,要求投篮具备丰富多彩的变化;另一方面,要求动作扎实稳定、正确没有差错并且规范标准。与此同时,还要求在充满激烈对抗的条件之下,实现投篮的高数量产出及高质量表现。

四、强调速度,即普遍重视以速度争取时间

大力着重强调提高处于攻守阶段的不同节奏速率,高度着重地强调要有节奏地加快攻守转换的速度。正因如此,快攻反击的次数将会持续不断地增多,快攻的得分比率也会大幅度地提高。尤其特别注重增强高大队员参与快攻的意识,并且加快他们在快攻过程中的速度。着重强调在高速度、高强度的状态之中奋勇拼搏,强调在高速度的情形之下转换技术和战术的能力,强调在高速度、高强度的对抗当中维持较高水平的投篮命中率。以速度来争取主动的态势,并通过争取时间来牢牢把控空间,进而赢得最终的胜利。

五、强调全面,即要求在全面素质能力的基础上有特长,拥有明星队员

队伍成员整体营造出极为浓厚的文化氛围,始终高度聚焦体能素质水平的大幅提升,尤其格外注重对每位运动员制空高度与意识的精心培育。同时,也深切重视专项身体体能质量的显著提高。在比赛当中,队伍展现出极为强烈的对抗意识,攻守技术全面且扎实稳固,基本功更是坚实可靠。他们不断在实践过程中深入提炼创新,促使技术产生积极的变异发展,进而形成自身独具特色的技术特长绝招、个性化的技术风格及特殊的技艺,最终成功培育出极为优秀卓越的球星。

六、强调多变,即要求战术阵势的应变多样化

无论是在战术的抉择方面,还是在团队的组织层面,都着重强调要与本队的实际情况、世界篮球发展的趋势及时间观念、空间意识紧密结合。高度重视一个"快"字,突出展现一个"精"字,在最为短暂的时间内、以最快的速度进行变化,组合出最为强大的战斗力,从而取得最为理想的效果。世界高水平队伍在比赛中的布阵落位极为迅速,阵势各不相同,都力求在对手的防守阵势尚未完全形成之时就展开全面攻击,并且在攻击的

过程中随时根据实际情况进行应变。

七、强调帅才,即重视聘用有个性特点、风格的智谋型教练员做统帅

在篮球领域,强调帅才至关重要。这意味着高度重视聘用那些具有个性特点和独特风格的智谋型教练员来担任统帅之职。一位有个性的教练员能为球队注入独特的气质,他们敢于突破常规,以与众不同的策略和方法引领球队前行。智谋型的教练员则如同球队的大脑,凭借其卓越的战术眼光、敏锐的局势判断和深厚的篮球智慧,精心布局每一场比赛。他们能根据球员特点制定个性化战术,在关键时刻做出正确决策,带领球队在激烈的竞争中脱颖而出,迈向胜利的巅峰。

八、强调凶悍,即强调拼斗性

篮球运动强调凶悍,这意味着高度强调拼斗性。在篮球场上,凶悍的拼斗性是球队取得胜利的关键因素之一。凶悍并非蛮干,而是一种积极进取、永不放弃的精神体现。球员们在比赛中,要敢于对抗,勇于争夺每一个球权。无论是在防守端还是进攻端,都要有强烈的拼抢意识。

凶悍的拼斗性能够激发球员的斗志、提升球队的士气。当球员们以凶悍的态度投入比赛时,他们会更加专注,更加努力地去执行战术。在防守时,凶悍的拼斗可以给对手施加巨大的压力,限制对方的进攻效率;而在进攻时,凶悍的拼抢则能为球队创造更多的得分机会。同时,凶悍的拼斗性也能让球队在关键时刻更加坚韧,不轻易被对手击败,为最终的胜利奠定坚实的基础。

第二章　篮球运动教学改革的历史与必然性

第一节　篮球运动教学训练的发展演化

篮球运动具有整体性、层次性、结构功能开放性、环境适应性、动态演化性、不可逆性和有序性的发展规律，在遵循这些基本规律的基础上，篮球运动教学训练的发展演化主要表现在以下三个方面。

一、篮球规则和技术的更新与优化

篮球运动的教学是在篮球规则的指导下进行的，篮球规则的改变需要教师在篮球运动教学中做出相应的调整。通过对篮球规则的深入分析，我们可以观察到，从篮球比赛的视角出发，主要是通过调整，如掷球入界、暂停次数、技术犯规和 24 秒等规则，来探索篮球教学的创新方法[1]。

（一）最后 2 分钟掷球入界规则的改变

在 2006 年之前，并没有明确的规定。但从 2006 年开始，新的规定被加入：拥有球权的球队在比赛的最后两分钟进行掷球入界，球员需要骑在中线的延长线上，并有能力将球传递给场上的任何位置的球员。随着时间的推移，该规则也做出了相应的调整，这为最后两分钟的投球入界提供了更多的选择，但同时也对教练的决策能力和球员的执行能力提出了更高的要求，不管是作为进攻方还是防守方，进攻和防守战术具有更大的变

---

[1] 尚仲辉.篮球竞赛规则的演变对篮球技战术和篮球文化影响研究[D].西安：西安体育学院,2021.

化空间,技术和战术选择也更为多元。这不仅推动了攻防战术的进一步发展,同时也对篮球运动的教学产生了显著影响,特别是在篮球专项教学中,某些特定的竞技场合就可能决定比赛的输赢。

因此,在篮球的教学过程中,有必要将特定的教学内容整合进来,这包括在后场进行掷界外球的进攻策略,在前场进行掷界外球的进攻策略。这样可以清晰地了解掷界外球位置的长处和短处,并指导球员选择合适的攻防策略,进而帮助他们更好地理解自己掷界外球的真正意图和价值。在进行篮球教学时,我们首先需要确保教学内容具有针对性。接下来,利用2分钟半的对抗性进行集中注意力的教学和营造紧张的氛围是非常关键的。选择并制定合适的掷界外球进攻策略是提高学生在关键比分和关键球上的表现的关键。

(二)暂停次数规则的变化

关于比赛的暂停次数,从2002年修订前的上半场和下半场各2次,到2014年增加到5次,并且规定了比赛最后两分钟的暂停次数上限为2次。随着暂停使用变得更为审慎,篮球比赛的吸引力、球员的聪明才智和自我调节能力都变得更加显著[1]。

(三)技术犯规和进攻时间的变化

在技术犯规和进攻时间的规定方面,一个显著的变化是简化了比赛的流程,为球员和他们的战术变换提供了更大的发挥空间,加快了比赛的节奏,不会因为判罚而停留太长时间。技术违规的处罚方式也从2罚1掷转变为1罚1掷,这也为新的战术布局提供了更多的可能性。

整场比赛的进攻时间从原先的30秒缩短到24秒,特别是二次进攻的时间也从24秒缩短到14秒。这表明比赛正在朝着更快、更流畅和更强的方向发展,这也符合现代篮球对球员身体素质日益增长的需求。在选择和应用技术与战术方面,这同样是一个充满挑战的过程。

---

[1] 黄燕南,谢敏,黄永飞.近10年篮球规则演变对篮球运动教学的启示[J].体育科技文献通报,2021(03):35-37,80.

因此,在教学活动中,教师应当高度重视对球员不道德行为的预防和警示,良好的体育道德标准和体育道德也是同等重要的。另外,随着时间的缩短,篮球比赛的速度和强度都有所提高。因此,在篮球教学中,我们需要重视体能训练,以提高快速进攻的效果。这意味着在教学过程中,我们需要不断地强化运球和传球的基本技能,同时也要加强体能训练,确保每一次的教学活动都包含这些关键部分的练习。

(四)场地规定的变化

现在的篮球场的尺寸是28米×15米,与之前相比,其长度和宽度都有所扩大。限制区域和三分线的距离也分别扩展到了28.42平方米和6.75米,同时,无撞人的半圆区也增加了大约0.5米。经过场地的调整,球员们之间的距离得到了一定的扩展,这也提高了对不同位置球员在远程投篮和传球方面能力的要求,同时也为攻防战术创造了更多的可能性,但这也相应地增加了更多的挑战和难度。过去的篮球教育主要集中在中到近距离的进攻和防守上,但随着场地的扩大,防守范围也相应扩大,因此,三分和中距离投篮变得尤为关键。在教学过程中,更加强调对球员在移动、摆脱和接投方面的技术能力的培训,特别是对中远距离投篮能力较弱的队员进行加强训练。

(五)新的篮球规则引入

篮球运动规则的转变,是基于篮球运动在过去一百多年的发展过程中,已经积累了一系列的技术基础。在篮球的攻防技巧中,如传接球、投篮、持球突破、移动、抢篮板及打球和抢球等技术,共同构建了现代篮球技术的分层体系。以投篮为例,投篮技术可以分为单手投篮和双手投篮,根据使用方式可以细分为原地投篮、行进间投篮和起跳投篮等,而在这些技术体系中,根据投篮部位的不同,可以分为肩部投篮、头上投篮、高手投篮、手投篮、勾手投篮、急停跳起投篮、补篮、扣篮等多种形式[1]。综合来

---

[1] 王桥.关于我国体育院系篮球普修课教材中进攻技术范型与变式确立的研究[J].科技信息(科学教研),2008(21):199—200.

看,篮球从最初的几种基础技术发展到如今的多样化技术动作,其规则的演变和技术的层次化进展都在持续地影响着篮球教学和训练的效果。

二、基于身体素质条件的篮球运动教学

篮球的教学过程高度依赖于学生的身体素质。学生的身体状况在很大程度上直接决定了篮球教学的目的和内容,同时也对篮球教学的进展和篮球运动的整体发展产生了深远的影响。

一方面,随着社会经济的发展和人民生活水平的不断提升,以及精神文明的日益丰富,人们对身体素质的关注也在逐渐加强。各种体育活动,如篮球,已经开始发挥其健身作用。这些活动不仅使人们的身体肌肉变得更加坚实和强壮,而且也在不断地提升和维持人们的身体素质,包括但不限于速度、力量、敏捷性和耐力。过去的一个世纪中,男性和女性的平均身高都有了大约8厘米的增长。特别是有超过2米身高的运动员,他们的弹跳、奔跑和身体对抗能力都得到了显著提升,这导致了如"扣篮"这样的高空篮球技巧和"双塔"战术的出现。在篮球教学和训练中,对学生的身体状况进行全面评估是至关重要的,这将帮助我们根据评估结果来调整活动的主题和场地选择。另一方面,随着人们对生活品质和健康状况追求的不断提高,对篮球技能的需求也随之上升。这些需求在篮球教学方法和策略的变革中都得到了体现,使得更高难度的篮球技巧和更复杂的策略不断地被探索和应用。另外,在具体的篮球教学活动中,还需要考虑到不同性别的个体在生理和心理方面的特性,以便更好地选择合适的篮球活动内容和学习方法。

三、打法的变化

随着篮球比赛规则的不断演变、篮球技术的持续进步,以及运动员体能和体质的不断增强,篮球战术也持续得到丰富和发展,对篮球运动的教学改革提出了新的要求和挑战。观察篮球运动中的对抗模式,我们可以看到篮球的战术已经构建了进攻、进攻与防守的转换及防守这三大核心

系统。在篮球战术中,根据参与战术行动的区域和人数可以进一步细分为整体行动、多人合作行动和个人行动[1]。在这一过程中,篮球战术会根据参与人数的特性、作用性质、地域和差异进行持续的发展和演变。从进攻和防守策略的角度来看,人盯人、区域防守、压迫式防守和整体协防都是在进攻策略的基础上逐步丰富和发展起来的,它们在防守策略中起到了至关重要的作用。此外,对于中锋这一角色的期望也在不断提高。例如中锋的功能已经从传统的单一角色扩展到了空间型、策应型和全能型中锋。3D球员的涌现进一步推动了篮球战术体系的更新和打法的多样化发展,使得篮球的打法更加坚定、速度更快和节奏感更强。

随着篮球运动的不断发展,它在全球范围内也孕育出了独特且风格迥异的篮球流派和打法。例如注重个人技艺、出色的身体条件、因身体对抗而著称的雄壮的美洲式打法、以整体协作和控制比赛节奏的欧洲式打法,以及以精准的投篮和多变的打法著称的亚洲篮球,都是独具特色、引领潮流的。

在篮球运动的初始阶段,五项基本原则和十三条规则明确规定了比赛中仅允许用手触碰球、禁止拿球行走或奔跑,以及在比赛争夺中不允许有粗暴的身体碰撞等行为。此外,比赛的攻防技术相对简单,通常仅限于用双手完成几个基本动作,没有明确的全队配合战术,主要采取单兵作战的攻防方式,队员在不同区域有明确的位置分工。随着篮球这项运动的不断发展,众多创新技术,如单手、行进间、对抗、快速和高空等不断出现,这都极大地提升了运动员的个人防守技巧和能力。在快速移动和频繁换位的过程中,队员们的技术和战术策略变得更为全面和多元,他们的技战术能力也得到了提升。在实际战斗中,进攻技巧更趋向于简洁和实用,而防守技巧则更多地展现出攻击性、破坏性和团队合作的特点。

随着篮球这项运动的飞速发展,球员在场上的角色和影响也在不断地调整,防守策略也在持续地演变,新的战术策略也被不断地引入到实际

---

[1] 王晓东.对篮球技战术分类体系演进与重构的思考[J].中国体育科技,2005(02):52—54.

比赛中。在不同的发展阶段,流行的新策略正在逐步被替代。随着篮球运动逐渐强调团队合作,传统的单打战术逐渐被人盯人和区域性的联防策略所替代;在强调攻击性的情境下,综合移动进攻策略逐渐替代了单一和固定的进攻方式,这反映了篮球运动策略的持续演变。因此,在篮球运动的教学过程中,需要根据篮球运动系统的阶段性发展,不断地根据新的规则、新的战术和不同的基础身体条件来进行教学设计和教学改革。

第二节 篮球运动教学的发展历史与现状问题

一、篮球运动教学在我国的发展历史

篮球这项运动最初源于游戏,是由詹姆斯·奈史密斯在1891年创立的。从那时起,国际篮坛经历了三个主要的发展时期:首先是国际篮坛的统一规则阶段;其次是世界篮坛的进一步提升和深化发展阶段;最后是国际篮坛的商业化普及阶段。从篮球被纳入奥运会的比赛项目,到世界篮球锦标赛制度的确立,篮球的进步不仅与篮球运动的起源相伴随,也与美国NBA职业篮球联赛的壮大紧密相连。现代篮球的进步不仅遵循其自身的发展和演变规律,还展现了现代科技与篮球运动融合的发展方向。以美国NBA的职业篮球团队为例,篮球在技战术、规则和裁判制度等方面都得到了进一步的完善。目前,现代篮球正快速地向科学化、国际化、大众化、社会化、技艺化和产业化的方向发展。篮球的职业化进程带动了篮球运动向商业化、工业化和国际化的方向发展,同时也使得篮球的文化氛围变得更加浓烈。

至今,篮球运动已经从结合理论与实践的娱乐游戏阶段和竞技体育阶段向科学学科门类的深层次发展,这也为篮球教学的开展奠定了基础。1895年篮球这项运动首次进入中国,在社会发展的不同阶段,它的运动训练观念也经历了各种变化,大体上可以被划分为三个主要的发展时期。

(一)第一个阶段:新中国成立之前

西方的体育文化是通过"西学东渐"的模式在中国进行传播、普及和初步推广的,其中就包括了篮球运动。篮球这项运动最初是由美国传教士 David Willard Lyon 博士引入天津青年会的。当时,篮球刚兴起,并没有正式的比赛,而是主要在北京和天津的教会学校中进行,逐渐成为教会学校的核心体育活动。1912 年,来自中国的教士蔡尔乐博士在天津青年会体育班担任教职,他是最早一批系统性地教授篮球运动的专业人士,并连续三次担任了我国远东运动会篮球队的教练。但是,在那个时代,篮球比赛场地并没有固定的规范,主要使用的是足球,参与的球员数量没有上限,比赛的规则也相当直接,主要是通过口头传授和实际活动来传承,因此被称为"筐球"比赛[1]。最初,参加比赛的主要是外籍青年会的成员和一些传教士。但随着篮球在北京、上海、广州等城市的广泛传播,上海成立青年会了体育部。1916 年,上海青年会翻译并发布了《青年会篮球规则》,这是国内首部提供文字资料的篮球规则条款[2]。这本名为《篮球》的书由美国麦克乐编写,主要介绍篮球的动作技巧、活动模式和战术。青年会体育部开设的各种运动课程也促进了篮球运动在教会学校、各大学院和社会各领域的传播。从 1924 年开始,篮球比赛变得越来越频繁,篮球的技术和战术也在不断地进步和完善。到了 20 世纪 30 年代,篮球的理论和专著得到了进一步的丰富,人们对篮球的看法也从过去的"玩玩而已"转变为对篮球技术和战术的科学追求。"民众体育"的呼声此起彼伏,开始出现了系统的篮球比赛、技战术的练习、球队的管理、比赛的指导及评定球队和球员个人的统计方法等,同时也开始结合其他科学内容进行解释。"人盯人"防守战术、"人盯人与联防"综合运用的方法和"∞"字形进攻战术正式在这个阶段兴盛起来。

---

[1] 杨桦,姜登荣.篮球运动的起源及其在中国初期发展的历史考略[J].成都体育学院学报,1997(01):32—36,86.

[2] 李辅材,文福祥,钟添发.中国篮球学派的形成及其发展[J].武汉体育学院学报,1990(03):5—11.

(二)第二个阶段:新中国成立到改革开放之前

在这个时期,中国的篮球事业得到了全方位的提升和发展,竞技篮球也取得了辉煌的成就,同时中国篮球学派也正在逐步成型。在新中国成立初期,中国篮球教育主要是借鉴苏联的教学模式。到了1952年,国内首家实施单科制的体育学院开始筹建,这使得学校的体育专业教育取得了显著的进步。在1957年以前,苏式体育教学理论在中国的学校体育教育体系中占据了主导地位。体育课程教学大纲主要受到了苏联的影响,特别是那些普遍基于凯洛夫教育理论的篮球教学方法。这些方法强调了篮球知识和技术教学的重要性,同时也突出了教师在教学过程中的主导作用和教学的社会功能。在1957年以后,国家体委发布的体院相关工作指导文件中明确指出,需要对苏联的教学经验进行总结和学习,并开始制定与中国实际情况相适应的课程大纲,同时也给出了一些建议,以借鉴其他国家的教学方法和经验。进入60年代,篮球教学理论首次进入我国自编的球类教材[1],虽然苏联模式的教材内容总体上还保留着,但在内容上又增加了篮球技战术方面的内容,体现了我国篮球教学的摸索式进步。

自20世纪70年代起,我国的篮球教育开始逐渐复苏,篮球运动和学校体育也开始逐渐恢复。篮球的理论研究和实践教学也在稳步推进,体育专业的各级学校、部分体育院校、高校的体育系,甚至师范院校的体育专业招生工作也陆续启动。随着篮球运动的水平和教学方法的进步,中国篮球的理论和实践体系也在持续地积累和发展中逐渐完善。

(三)第三个阶段:改革开放至今

在这个时期,中国的篮球教育和理论始终展现出开放的趋势。在改革开放前的两年时间里,我国的各级教育机构和学校的体育教学一直处于复苏状态,各级各类学校也陆续推出了体育教学大纲和教材,而篮球教学的理论条件实际上已经基本形成。在20世纪70年代末发布的《篮球》

---

[1] 高瞻,刘晓华.我国篮球教学理论的发展与特征研究[J].首都体育学院学报,2003(03):61—63.

教材,已经形成了一个关于篮球运动的完整且焕然一新的学术体系。这本教材对篮球的技术和战术进行了更新和创新,虽然内容比过去更丰富,但深度却不足,特别是在某些问题的探讨上仅停留在表面,而在教学步骤和训练方法等方面的描述显得较为简略。直到20世纪90年代,一些代表性的高等教育教材,如《球类运动——篮球 X 篮球运动高级教程》等问世,篮球运动才得以在理论层面上得到提升。这些教材不仅丰富了我国篮球运动及相关学科的理论体系,还为篮球运动与其他自然科学和社会科学领域的连接搭建了一座桥梁。从20世纪80年代末至90年代初,我国篮球的理论进展是基于已经建立的各种学校的篮球教育和教学体系发展起来的。

20世纪90年代开始,我国与国际的交往日益频繁,这使得中国的篮球教育在理论与实践两方面都取得了显著的进步。随着篮球理论的日益丰富和多元化,篮球教学的理论基础也在不断地拓展。对于篮球教学的目标、方法、过程和评价等方面的研究也变得更加深入。在"素质教育"的基础上,国内的篮球教学提出了新的教学原则和方法,篮球传统教学则逐渐减少。

综合来看,经过一个多世纪的发展,从篮球运动的初始阶段到其体系的建立,再到具有中国特色的理论和实践成果的进一步拓展,篮球教育不仅在教学的基本理论和实践上取得了突破,更在具体的教学内容上,特别是在技术、战术训练理论、综合相关学科、竞赛、科学研究及相关信息技术的应用等领域,都实现了显著的进步。

二、当前篮球运动教学现状和问题

我国的篮球教学是在漫长的历史探索中逐渐形成的。篮球教学的现状在某种程度上反映了当前的政治和社会发展阶段。经济和社会的进步对教育的发展起到了决定性的作用,但教育的滞后也为篮球教学带来了一系列的历史挑战。这些问题都需要我们深入了解和研究,并努力寻找解决之道。根据对我国现行篮球教学状况的深入分析,主要揭示了以下三个核心问题。

(一)篮球教学理念亟须更新

在目前的篮球教育中,过分强调学生的整体学习能力和运动技巧的掌握。受到传统的"大班额"和"填鸭式"教学方式的影响,许多教师更加注重篮球技能的教授,但往往忽略了对学生身体状况、运动参与度、心理健康和社会适应性等方面的培养,也很难满足每位学生的独特需求。过去单调的教学目标已经不能满足社会对人才培养方面的多样化需求。随着新时代的进步,体育在教育中的角色变得越来越重要。教师在篮球教学中不仅要教授学生技术和战术,还要确保学生在学习篮球的过程中能体验到运动的乐趣,培育他们完整的人格和坚韧的意志,为社会培育出全方位发展的人才。

(二)篮球运动教学体系发展相对滞后

目前的教材过于陈旧,教学内容主要集中在篮球技术知识的传授上,而教学内容往往缺乏针对性和选择性,导致教学内容存在较多的重复性;目前的课程结构还不够完善,教学方法仍然采用传统的体育教学方式,灌输式的教学方式占据了课堂的大部分时间,导致学生不能灵活运用篮球技能;目前的教学方式相对单调,缺少吸引力和创新精神,使用的教学资源要么稀缺,要么使用效率不高。在教学评估的过程中,现有的评估标准和方法都显得过时和单调,主要侧重于对教学成果的评估,缺乏多元化的考核机制。因此,考核的激励和指导作用并没有得到充分体现。

(三)篮球运动教学师资力量有待加强

作为篮球教育的执行者,篮球教师无疑是篮球运动教学过程中的关键环节。从对篮球教学观念的深入理解到实际的运动教学实践,篮球教师在很大程度上决定了篮球教学的进展和成果。从我国目前的篮球教育师资状况来看,无论是专门从事体育教育的篮球教师还是篮球专业的教师,都存在明显的短缺。尤其是教师的理论知识与实际教学能力之间的不平衡尤为明显。为了满足新时代学校体育教学对人才培养的要求,我们需要在后续的人才培养和教师的职前职后培训中融入更多的实践教学内容,从而提高现有教师队伍的教学质量。

第三节 篮球运动教学改革的政策导向

尽管目前的篮球教学还面临许多挑战,但篮球教学的改进和相关政策的要求仍在持续推进中。我国的相关政策,特别是体育政策的进步,对篮球教学改革产生了深远和系统的影响。这不仅为篮球教学改革提供了明确的方向,同时也作为推动教学改革的动力,促进了篮球教学的高质量发展。

一、宏观战略导向——健康中国与体育强国

2017年,习近平总书记在《第十九次全国代表大会报告》中提出"健康中国"的发展战略,人民健康的重要性被提到了有关民族繁荣、国家富强的高度,为人民提供全方位、全周期的健康服务成为健康政策的聚焦点[1]。国家号召加快建设体育强国的步伐,习近平总书记也多次强调并亲自谋划中国体育的发展。《体育强国建设纲要》于2019年8月由国务院办公厅发布,强调体育教育在国家建设中不可忽视的作用。2021年的《"十四五"体育发展规划》明确提出,到2035年把我国建设成社会主义现代化体育强国。从体育大国迈向体育强国,在过去的几年里,中国正昂首阔步、快马加鞭地迈向新的征程。国家不断构建具有中国特色的发展路径、管理体系、人才体系、培训体系、竞赛体系、保障体系等,为篮球运动的教学和训练提供了"三大球"之一的体系建设框架,促进了篮球运动的发展。

二、中观人本导向——身体素质提升与学校体育发展

作为体育强国战略的一部分,学校体育教育是突破口,也是"攻坚

---

[1] 曹月柱.习近平关于人民健康重要论述的思想内涵及其价值[J].思想政治课研究,2020(02):42—47.

战"。随着社会进步，人们对青少年的体质健康越来越关心。因此，对学校体育活动的政策支持变得尤为重要。这不仅是为了维护公众的健康权益和增强青少年的体质健康，更是基于对体育锻炼价值的深入理解，使体育活动逐渐成为我们日常生活中不可缺少的一部分。在学校体育的篮球教育中，我们必须始终遵循"健康至上"的原则，并将篮球的教学目标与青少年的身体健康和全面成长紧密结合。

三、微观要素导向——体育课程改革探索

目前，我国的篮球教学受到了学校体育课程系列改革的直接影响，而这些篮球教学改革也与篮球课程的整体改革密切相关。在新一轮的课程改革背景下，《体育与健康课程标准》提出的"健康第一"的指导思想，即激发学生对运动的兴趣、关注个体的需求差异，并从"教"转向"学"，以学生的发展为核心，以引导体育教学为基本理念。评估篮球教学质量的准则不仅仅局限于篮球技能的掌握水平，更为关键的是它如何影响学生在生理和心理各个层面上的变化。篮球教育面临的各种问题及这些问题在接下来的变革中可能引发的变化，都是值得深入探讨的话题。

第四节 篮球运动教学改革的发展趋势与特点

一、篮球运动教学的思想性改革

首先要考虑的是教育思维和观念的转变。篮球运动的教学理念和思维方式直接影响着篮球教学的方向和焦点，进而决定了教学目标的设定和篮球运动价值的有效转换。在传统的学校篮球教学模式中，以运动教育作为教学的核心，主要目标是完成体育教学的各项任务。因此，篮球教学的思想改革要求以学生的健康发展为出发点，将篮球运动纳入学生健身教育的手段中，实施全面的身体素质和思想素质教学。这需要将篮球运动教学与学生的全面发展紧密结合，基于新的教育教学技术观、兴趣教

育观、问题导向教学观及休闲和终身的体育健身观,以学生为中心,在篮球运动教学过程中实现快乐体育的目标。

二、篮球运动教学的科学性改革

科学合理的篮球教育不仅是现代篮球发展的必要条件,也是确保现代篮球高品质成长的关键。过去的篮球教学方法往往忽略了篮球的系统性教育和学生的身心发展需求,这导致了学生在篮球知识上的碎片化和技能的断裂,使得教学成果不尽如人意。因此,我们有必要深入研究篮球运动的固有规律和特点,结合学生的心理和生理需求,努力在不同的条件下和在不同的需求层次上与学生的多样性结合,构建一个符合学生个性的篮球认知体系,并将篮球知识转化为实际的篮球技能。将篮球运动的文化、生理变化与实际操作相结合,延续篮球的运动习惯,我们不仅可以丰富篮球的综合功能和价值,还可以从多个学科和领域进行深入探索,以挖掘篮球教学的科学规律和提高教学的科学性。

三、篮球运动教学的系统性改革

随着学校体育教学改革的深入推进,篮球运动的教学方法也正在经历一场大规模的变革,这一变革过程展现出了鲜明的系统性和结构性特征。

首先,我们需要对教学理论体系进行全面的改革。在篮球运动的教学改革中,首要任务是系统性地解决教学目标、教学内容、教学方法及教学评估等关键问题,这些都是篮球运动教学理论体系的核心组成部分。

其次,为了与教育理论保持一致,篮球教学的全面改进与篮球课程的革新是分不开的。在当前大中小学篮球课程一体化衔接的需求和发展趋势下,不断更新的《体育与健康课程标准》已经成为学校篮球课程改革的指导方针。它不仅指导着义务教育和高中阶段的篮球教学,还根据不同阶段学生的发展需求,成为大中小学篮球运动教学一体化进程的讨论焦点。这种一体化改革是一种连续性的系统性改革,包括课程一体化、大中小学一体化、课内外一体化和教学一体化等多个方面,都为篮球教学的改革提供了契机。具体来说,它促进了篮球运动教学的教与学、客观与建构、个人与集体、技术与本人、技术与战术、进攻与防守、运动技能与运动智能的系统性发展。

总之,篮球的教学结构包括四大核心组成部分:教师、学生、教学内容及教学工具。更广泛的教学体系不仅应涵盖教学制度、教学技术和机构,还应包括教学评估、教学管理、教学环境及相关的指导理论。篮球教学的全面改革也强调了需要构建一个教师与学生共同参与、兴趣与技能同步增长及知识与能力完美结合的教学体系。

第三章　校园篮球课程的开展与建设

校园篮球课程作为篮球知识与文化传承的重要载体，以及实现学校体育教育目标的基本途径，对学生的全面发展和成长具有不可替代的重要意义。我国青少年群体对篮球的热爱程度在不断加深，篮球运动有助于提高学生的身体素质，培养其积极健康的思想与心态。当前，我国在不断强化体育课程教学的改革，这对普及篮球教育具有重要的推动作用。

第一节　校园篮球课程的开展策略

一、全面提高对篮球课程开展的认识

青少年学生对篮球课程具有较为浓厚的兴趣，主动参与这项运动的学生在不断增加，而且学生的需求也在不断变化，这无疑对校园篮球课程的开展提出了更为严苛的要求，即要求人们全面且深刻地认识到篮球课程开展所具有的重大意义。

其一，开展校园篮球课程有着不可忽视的积极影响。校园篮球课程为学生提供了一个充满活力与挑战的平台，让他们在球场上尽情挥洒汗水，释放青春的活力。在这个过程中，学生们逐渐领悟到体育锻炼的重要性，从而自觉地将体育锻炼融入自己的日常生活中。而且，通过参与篮球运动，学生们能够在锻炼身体的同时，缓解学习压力、调节情绪状态、促进心理健康。

其二，校园篮球课程的大力开展能够有力地推动篮球运动的蓬勃发展。校园篮球课程作为篮球运动推广的重要阵地，具有广泛的影响力和辐射力。学生们的热情参与不仅能够在校园内营造出浓厚的篮球氛围，

还能将这种热情传递到家庭、社区等各个层面。随着越来越多的人受到学生的影响而加入篮球运动中来,篮球运动的群众基础将不断扩大,全民健身的热潮也将持续升温。同时,这也将为篮球事业的发展注入源源不断的动力,促进篮球竞技水平的提高、篮球产业的繁荣及篮球文化的传播。

二、科学探索篮球课程建设

在当今时代,学校体育与社会发展紧密相连。社会的进步和人们对健康生活的追求,对学校体育提出了更高的要求。学校作为培养人才的重要场所,必须与时俱进,不断调整和优化体育课程设置,以满足学生的成长需求和社会的发展期望。在校园篮球课程开展中,要对教学目标、教学内容、教学方法合理设定,在篮球课程教学计划的实施上要对学生的健康水平、身体素质予以充分的考虑,在教育教学中通过科学研究对课程的组织结构进行适当的调整,充分开发教学内容,合理设置教学目标和安排教学时数,提高篮球课程教学的科学化、实用化,进而提升学生的综合素质。

三、增加篮球场地器材的投入,促进硬件升级

《学校体育工作条例》要求学校上级主管部门和学校有关部门按照相关规定对体育场地、器材和设备进行合理配置,学校要在体育教学计划中纳入采购体育器材、修建体育场地、完善体育设备等项目。此外,地方政府部门、教育行政主管部门也要加大对学校篮球硬件设施建设的投入力度,通过有效整合各方面的资源,优化学校的体育资源配置,为学生参与篮球活动提供良好的环境与条件,能够有力地推动学校篮球运动的发展,促进学生的全面成长和健康发展。

学校作为篮球教学的平台,应充分发挥自身的作用,重视篮球教学工作,加强管理与服务,创造良好的条件来激励学生参与篮球活动,同时利用学校办学的优势引进社会资源,保证满足学生的需求,激发更多学生参

与篮球活动的热情与积极性。

四、丰富篮球课程教学手段

　　随着社会的进步和现代教育水平的不断提高，学校篮球教师应不断引进并创造新的教学方法与教学手段，不断完善自己的知识结构，与学校的人才培养方式和学生专业结合起来，促进篮球课程教学在培养人才方面作用的充分发挥，促进学生的全面发展。

　　在篮球课程教学中，教师不仅要将丰富的篮球知识和篮球技能教授给学生，还要教学生学会在实际场景中运用所学知识与技能。在传统篮球课程中，教师采用的教学方法主要是讲解示范法、练习方法等，而比较新的教学方法，如探究式教学、领会法教学、发现法教学等很少被运用到篮球课程教学中。随着学校体育教学改革的不断深入，相应地也要不断更新篮球教学方法，有效解决教学内容单一、教学方法陈旧、不符合学生需求、不适应社会发展现状的实际问题。如果一味按照传统模式来教学，学校篮球课程终将失去自己的生存空间。

　　篮球教师积极主动地引进与开发新的教学方式，将多元教学方法运用到篮球课堂上，对促进校园篮球课程教学的合理性、应用性发展，激发学生的学习兴趣和积极主动性，培养学生的素质和锻炼习惯，促进学生全面发展具有重要的意义。

五、促进篮球课外活动的开展

　　篮球课外活动在增强学生身体素质、培育学生自觉自律意识、提高学生社交能力、调节学生心理水平及促进学生全面健康发展等诸多方面发挥着至关重要的作用。在学校积极开展篮球课外活动，能够使学生个人的兴趣得到充分满足，激励学生主动投身于课外活动之中，满足学生的体育需求。通过篮球课外活动，学生之间的友谊得以增进，学生的学习效果得以提升，并且能够促进终身体育意识的逐步形成。

　　在学校的教育体系中，篮球课程与篮球课外活动共同构建起一个促进学生成长的体育平台。篮球课程以系统的知识传授和技能训练为基础,为学生奠定坚实的篮球理论和实践基础。而篮球课外活动则以其灵活性和多样性,为学生提供了更广阔的实践空间和自我发展的机会。篮球课外活动作为篮球课堂教学的延伸,让学生在更加自由、轻松的氛围中深入体验篮球的魅力。学生可以在课外活动中自由组队、自主组织比赛,提高自己的团队协作能力和领导能力。同时,篮球课外活动也为那些在课堂上未能充分发挥的学生提供了展示自我的舞台,增强他们的自信心和成就感。

六、加强篮球师资队伍建设、重视科研

篮球师资队伍建设的好坏对篮球教学水平的高低有直接的影响。现代篮球教学要求专业教师具备全面、综合的能力。首先,学校要重视对篮球师资队伍的科学建设,促进专业教师执教能力的提升和专业知识的拓展。在篮球师资队伍建设中,提升篮球教师队伍整体水平的关键是不断加强对篮球教师队伍的专业培训力度,使教师不断学习与进步,深入理解篮球课程,尊重学生的个体差异性,重视每位学生的发展,提高教师对现代教育技术与手段的学习和应用能力,最终促进教师综合素质和教学能力的提升。其次,要引导篮球教师树立全面的人才观和以提升学生能力为主的教学观,对学生的全面发展给予关注,充分发挥篮球课程的育人功能。在篮球教育的宏大格局中,篮球教师的科研素养起着举足轻重的作用。培养篮球教师的科研素养,是提升篮球教学质量、推动篮球课程发展的关键举措。当篮球教师具备了较高的科研素养,他们就能在教学实践中敏锐地发现问题、深入地分析问题,并积极寻求解决方案。通过不断地总结反思教学中的经验与教训,篮球教师能够及时调整教学策略,优化教学方法,使教学更加符合学生的实际需求和发展规律。

七、开展校际篮球比赛,形成特色校园篮球文化

举办校园篮球比赛在顺利开展篮球课堂教学、增强学生参与篮球活

动的热情、激发学生学习的积极性及创建浓郁的篮球氛围等方面具有不可替代的重要意义。学校应高度重视校园篮球比赛的举办,为学生提供更多地展示自我和锻炼成长的机会。学校组建校篮球队,参加比赛对树立良好的社会形象具有重要意义。现在,校际篮球交流较少,各校开展的篮球比赛也没有体现出本校的办学特色,这就限制了篮球比赛在学生群体中和社会上的影响力,因此,需要加强校际的篮球赛事交流,开发具有校园特色的篮球赛事,增强学生的团结协作意识、提高学生的身心发展水平及技战术能力,让学生全面地展示自己。

任何事物的发展态势与进度都会受到其所处环境的影响。要想将校园篮球文化的育人功能充分发挥出来,更好地为社会培养适应型人才,就必须营造和谐而又充满激情的校园篮球文化氛围,这包括硬环境和软环境两方面的建设。篮球运动的对抗性较强,通过比赛强调团队的协调配合,能有效增强学生的集体荣誉感、团队凝聚力、团结合作能力及责任意识,促进校园文化健康和谐发展。

八、推进篮球课程评价的多元化

在校园篮球课程教学中,考核评价是一个非常重要的环节,对学生学习行为产生的导向作用不容忽视。课程评价能够有效检验课程目标的实现程度。总结性评价与量化考评的方法在篮球课程评价过程中运用较多。教师在评价中很少采用过程性评价对学生进行评价,学生的兴趣、态度、进步情况等指标未被纳入评价指标体系中。这样容易导致学生因得不到关注与鼓励而消极上课,削弱其参与篮球活动的热情。

通过调查校园篮球课程的评价方式后了解到,大部分教师虽然对新的教学评价标准比较了解,但很少将其真正运用到篮球教学考核中,因而影响了篮球课程教学评价的效果。在篮球教学的广阔领域中,篮球教师在教学考核环节起着至关重要的作用。

教师不能局限于传统的考核方式和观念,而应紧跟教育发展的步伐,积极接纳新的教育理念和方法。通过积极实践,将新观念转化为实际行动,为学生创造更加科学、合理的考核环境。篮球课程评价不应仅仅是对学生学习成果的简单评判,而应成为激励学生不断进步、引导学生正确发展的有力工具。教师要善于运用评价的激励作用,激发学生的学习热情和积极性;同时,利用评价的引导作用,帮助学生明确自己的努力方向和提升空间。

第二节 校园篮球隐性课程开发

一、体育隐性课程概述

体育隐性课程是学校体育教育中不可或缺的重要组成部分。它以内隐、间接的方式呈现,依据教育目的和教学目标进行规范设计,涵盖了丰富的体育文化要素,对学生的全面发展和学校体育文化的建设起着至关重要的作用。

体育课程是一个有机的整体,由体育显性课程和体育隐性课程共同构成。体育显性课程主要负责传授具体的体育知识和技能,而体育隐性课程则在培养学生的体育兴趣、体育习惯、体育精神等方面发挥着重要作用。只有当这两者相互配合、相互促进时,学校教育的目的及学校体育的目标才能够更加有效地实现。它们如同鸟之两翼、车之两轮,共同推动着学校体育教育不断向前发展。

体育隐性课程作为一种特殊的课程形式,具有重要的教育意义。通过严格筛选、控制及科学设计、开发体育隐性课程,可以将其负向效应降到最低,最大限度地发挥其正向效应,为学生的成长和发展提供有力支持。

二、校园篮球隐性课程的开发原则

(一)选择性原则

学校应有选择地开发篮球隐性课程,贯彻选择性原则须做到以下三点：

第一，开发的篮球隐性课程要与教育哲学的标准相符，开发课程要看重加工那些积极上进的、能够实现"立德、树人"教育理想的环境因素。

第二，开发的隐性篮球课程要与学习理论相符，向学生传递间接经验是篮球课程的一个重要作用，学生经过内部加工这些间接经验，转化为自己的直接经验。在传递间接经验的这个过程中，要对学生的需求、爱好及兴趣予以考虑，要与学习者的内部条件达到最大的一致性。

第三，开发篮球隐性课程，要与教学理论的要求相符，要针对实际情况，从教师的修养水平出发进行开发。

(二)一体化原则

校园篮球课程开发的一体化原则具有以下三方面的含义。

1.课内文化与课外文化的一体化

在学校这一独特的教育空间里，课内文化与课外文化分别占据着重要的位置。而一体化则意味着课内文化与课外文化的深度融合与统一，充分发挥课内文化与课外文化的优势，为学生创造更加全面、丰富的学习和成长环境，促进学校文化的繁荣与发展。所以在篮球隐性课程开发中只有融合各方面要素，形成一体化教育文化场域，才有可能发挥教育合力。

2.篮球显性课程和隐性课程的一体化

篮球显性课程在课程目标上通常较为明确具体，旨在传授篮球的基本知识、技能和战术等；而篮球隐性课程的课程目标则相对较为内隐，侧重于培养学生的体育精神、团队合作意识、竞争意识等；只有充分发挥显性课程的作用，同时积极挖掘隐性课程的正面效应，才能更好地实现篮球课程的育人目标，为学生的成长和发展贡献力量。因此，要想最大限度地发挥篮球课程的整体功能，就要在篮球显性课程的开发中同时着手对篮球隐性课程进行开发，将二者融合起来。

3.篮球隐性课程各个要素之间的一体化

篮球隐性课程丰富多样,物质空间类、制度组织类、精神文化类三种类型都是建设篮球隐性课程的重要因素。合理组织物质空间类因素,能够为学生创造良好的学习和活动条件;精心安排制度组织类因素,可以确保篮球活动的有序进行和学生的规范参与;培育和弘扬精神文化类因素,能够激发学生的内在动力和团队凝聚力。不能只注重某一类型的因素而忽视其他,而要全面考虑各个方面的需求和影响。要综合规划物质空间的建设、制度组织的完善及精神文化的培育,确保三者相互促进、协调发展。只有这样,才能避免顾此失彼的情况发生,充分发挥篮球隐性课程的应有价值,为学生的全面成长和篮球教育的发展贡献力量。

(三)重点突破原则

在篮球教育的广阔天地中,篮球隐性课程建设的一体性必须给予高度的关注。还要打造适应周边环境的篮球隐性课程,并且要有重点地去开发和设计。社会环境瞬息万变,在建设篮球隐性课程过程中也要注意不断调整,明确薄弱环节,有针对性地开发课程与解决现实问题。

(四)科学人文性原则

学科中心论是随着科学主义的产生而逐渐出现的。随着社会的不断发展,人们逐渐发现了科学主义的弊端,于是试图以人文主义为指导进行课程改革,却往往容易走向另一个极端,忽略了科学与人文之间的平衡与融合。科学与人文实际上是相互依存、不可分割的关系。科学为人文提供了坚实的基础和可靠的依据,使得人文的发展能够建立在客观事实和理性思考之上。而人文则为科学赋予了价值和意义,引导科学朝着符合人类利益和需求的方向发展。因此,开发篮球隐性课程,不仅要从生理、心理和社会规律出发,强调科学性,还要从学生的兴趣爱好和个性需求出发,体现人文性。

在一些学校的篮球课程教学中,教师将情感态度方面的目标融入其中,这就说明学校较为关注篮球隐性课程目标。但在篮球教学方法的选用上,依然以传统教学方法为主,如示范法、讲解法、练习法等,重点传授篮球技术和技能,教师只是偶尔使用现代教学方法,以培养学生的学习兴趣和创新能力。可见在教学方法上教师并没有体现出对隐性课程的重视,同时,也不关注学生的兴趣爱好和个性特征。

篮球隐性课程开发要强调人文性,这主要从情感态度和价值观上体现出来,因此,学校要抓住主要的着眼点,使得篮球隐性课程的应有价值得到最大限度的发挥。

三、校园篮球隐性课程的开发路径

(一)篮球课堂教学内容

在篮球课程体系中,篮球显性课程与篮球隐性课程相互依存、相互促进。篮球显性课程中的教学内容为篮球隐性课程的开发提供了重要的基础和依托。篮球隐性课程通过依附于显性课程,以一种潜移默化的方式影响着学生的学习和成长。开发篮球隐性课程从篮球课堂教学内容入手,具有重要的现实意义。通过科学合理地选编教学内容,能够使学生在学习过程中更好地理解和掌握篮球知识与技能。组合单个技术和串联篮球技术,能够提高学生的综合运用能力和创新思维。

教师在这个过程中扮演着关键的角色。他们通过引导学生积极思考和主动试验,激发学生的学习热情和探索精神。鼓励学生自主完成技术串联,培养学生的自主学习能力和解决问题的能力。在学生进行试验的过程中,教师及时给予指导和反馈,帮助学生更好地掌握篮球技术动作的运用技巧。这个过程不仅是学生学习篮球技术和技能的过程,更是学生自我探索和自我发现的旅程。在这个过程中,学生能够亲身体验到篮球运动的魅力和乐趣,从而对篮球运动产生更浓厚的兴趣。这种兴趣将进一步转化为对篮球运动的热爱和追求,形成浓厚的篮球情感。这种情感将伴随学生的成长,对他们的身心健康和全面发展产生积极的影响。

(二)篮球教师的人格

教育工作的方方面面,无论是知识的传授、品德的培养,还是心灵的启迪,都离不开教师人格的影响。教师人格是一种无形却又极具力量的存在,它如同一个活的泉眼,源源不断地涌出能够滋养学生心灵、激发学生潜能的教育力量。作为一种特殊的教育途径,教师的人格具有较为特殊又极为重要的教育力量,教师的人格魅力可以激发学生的学习兴趣和求知欲望。当学生感受到教师的真诚、善良、责任和担当时,他们会更加愿意亲近教师,听从教师的教导,积极投入到学习中去。教师的人格魅力还能够培养学生的良好品德和行为习惯。教师的言传身教,会让学生在潜移默化中学会尊重他人、关爱他人、诚实守信、勇于担当等优秀品质。

(三)课余篮球活动

在学校的篮球活动体系中,课余篮球活动占据着举足轻重的地位。它作为篮球显性课程的延伸,为学生提供了一个更为广阔的学习与实践空间。学生在课余篮球活动中,可以进一步巩固在课堂上学到的篮球知识和技能,将显性经验得以深化和强化。同时,课余篮球活动也是开发篮球隐性课程的重要切入点。在这里,学生能够在不经意间获得潜在的经验,这些经验往往对他们的成长和发展产生深远的影响。

学生参与课余篮球活动的期望呈现出多元化的特点。放松身心是课余篮球活动带给学生的重要隐性经验之一。此外,发展实践和创新能力及展示自我也是课余篮球活动赋予学生的宝贵隐性经验。在实际的篮球活动中,学生需要不断尝试新的战术和技巧,发挥自己的创造力,提升实践能力。同时,篮球活动也为学生提供了一个展示自我的平台,让他们在竞技中展现自己的风采,增强自信心。

(四)篮球课堂气氛

营造活跃的篮球课堂气氛,要从以下四个方面着手努力。

1.老师的领导方式

教师的领导方式应以积极型为主,如支持式,主要通过关心、帮助和鼓励学生,进行正面引导,使学生产生积极的情感体验,从而营造对学生学习有积极作用的良好的课堂气氛。

2.学生的主体性

篮球课程的核心服务对象是学生。为了更好地实现篮球课程的教育目标,必须将学生置于课堂的中心位置,让他们真正成为课堂的主人。当学生成为课堂的主人,积极主动地参与到学习中时,良好的课堂心理气氛便会自然而然地形成。

3.课堂场景

篮球课程的教学活动无法脱离物质环境而单独存在,良好的物质环境能够为教学的顺利开展奠定基础。其中,场地布置和器材摆放等物质因素对篮球课堂心理气氛的影响尤为关键。当场地布置独具匠心,器材摆放合理有序时,学生们进入课堂便会眼前一亮,感受到一种全新的氛围。这种新鲜感能够激发学生的好奇心和探索欲望,使他们对即将开始的篮球课程充满期待。

4.教师的幽默感

教师恰当的幽默感能够调动学生的兴奋状态。当学生处于兴奋状态时,他们的注意力更加集中,思维更加活跃,学习效果也会更好。幽默的语言和行为可以打破课堂的沉闷气氛,让学生感到轻松愉快,从而激发他们的学习兴趣和积极性。同时,幽默还可以缓解学生的学习压力,让他们在轻松的氛围中享受学习的过程。

(五)篮球课堂管理

在篮球课堂的管理中,奖励和惩罚作为重要的管理手段,发挥着关键的作用。其对学生的影响是多方面的。从直接影响来看,通过明确的奖励和惩罚措施,学生能够迅速判断自己的行为是否正确。当他们因良好表现而获得奖励时,会清楚地认识到这些行为是值得保持和发扬的;而当因不当行为受到惩罚时,也会明白哪些行为是应该避免和克服的。这种直接的反馈机制有助于学生规范自己的行为,提高课堂参与度和学习效果。

所以，教师在实施奖励和惩罚措施时，要全面考虑这些管理措施对学生造成的显性影响和隐性影响，不可偏颇。

(六)学校体育传媒

学校中有很多关于篮球运动的传播媒介，常见的有图书、报纸、电脑、广播和墙报等。这些传播媒体具有方便、快捷等特点和优势。通过这些媒介，学生能够迅速获得潜在的篮球经验，得到潜在教育。体育传播媒体发达的学校基本上可以形成一定的隐性课程因素和篮球文化场域，使学生在这样的环境下受到良好的熏陶。

需要注意的是，体育传媒平台具有很强的开放性，具有积极和消极的两面性。学生通过这些平台既能够掌握有益的经验，也可能接触不良信息，所以教师要引导学生辩证地认识体育传媒的功能和价值，引导学生消化其中的有利信息，抵制不良信息的侵蚀，维护学生身心健康。

(七)学校体育风气

学校体育风气是学校体育工作的重要标志，它具有普遍性、稳定性和独特性。它包括学校在长期的体育发展过程中所形成的传统体育项目、体育活动形式及体育精神传承等。这些传统风气承载着学校的历史和文化，对学生具有强烈的感染力和凝聚力。学习锻炼风气则体现了学生在体育学习和锻炼方面的积极态度和行为习惯。良好的学习锻炼风气能够激发学生的运动热情，提高他们的身体素质和运动技能。教书育人风气强调了教师在体育教学中的育人职责。

第三节　校园篮球精品课程建设

一、校园篮球精品课程建设现状

在高等教育不断发展和变革的广阔天地里，建设精品课程对我国开放式教育的进程起到了重要的推动作用。在信息时代，开放式教育成为教育发展的必然趋势。精品课程的建设可以借助互联网等现代信息技术,实现教育资源的共享和传播,让更多的人受益。这有助于打破传统教育的时空限制,拓展教育的覆盖面,推动教育公平的实现。

这不仅有助于培养出更多高素质的专业人才,也为我国高等教育的可持续发展奠定了坚实的基础。但是体育精品课程与其他专业课的精品课程建设相比容易被忽视,篮球精品课程的建设同样也没能逃脱这一"命运",篮球精品课程建设整体上不容乐观,具体表现在以下四个方面。

(一)教学理念落后,教学内容陈旧

在我国传统体育教学观和教学理念的影响下,体育教学的开展仍然以实践和技术为核心,在教学中过分强调技术和技能,对学生个体间的差异和能力的可塑性没有充分考虑,一味追求运动成绩的教学观念对学生思维拓展和个性发展形成了严重的阻碍,也忽视了学生的主体地位和对学生兴趣的培养。教育工作者对运动科研理论和体育素质教育的重要性认识不足,这无疑是一个重大的缺憾。单一且模式化的教学方式,难以激发学生的学习兴趣和积极性,也不利于学生的全面发展。同时,它也限制了教学主体与教学对象之间的沟通交流。教育工作者应该充分认识到运动科研理论和体育素质教育的重要性,加强对体育科技和前沿技术理论的学习和研究。同时,教师们也应该积极探索创新教学方法和教学内容,打破传统的教学习惯和固化模式。通过多样化的教学手段和丰富的教学内容,激发学生的学习兴趣和积极性,促进教学主体与教学对象之间的沟通交流和共同进步。此外,学校也应该鼓励教师参与教学研究改革,为教师提供必要的支持和保障,提高教师的积极主动性。

(二)缺少政策扶持,课程推广力度有限

建设校园篮球精品课程涉及很多方面的工作,需要一系列相关政策的支持与保障,但当前我国很多高校都不够重视开发体育类精品课程,而在主干专业课上集中了大量的优质资源。体育类精品课程的立项数目与其他精品课程相比非常少,且立项经费支持和拨付工作不到位,教师努力开展精品课程建设,但得不到相应的奖励,制约了教师开发课程的积极性。

虽然经过多年的网络平台建设,一些高校的精品课程已初具规模和构架,但依附于网络平台的体育类精品课程还没有达到很高程度的共享。一方面是因为体育类精品课程数量少;另一方面是学校相关部门和体育教师全力对网站进行建设,而将推广传播工作忽视了,很多精品课程的知名度和影响力只是局限在本院校内部,其他同类型学校的师生对校外精品课程的立项和建设情况并不了解,这在一定程度上造成了资源的浪费。

(三)教学队伍水平偏低,师资力量薄弱

在课程教学的广阔领域里,教师的角色至关重要。对任何一门课程而言,教师作为实施者,承担着将教学内容传递给学生的重任。同时,教师又是教学过程中的核心环节,其素质和能力直接影响着课程的开展效果。然而,在传统教学观念的长期影响下,体育教师过于注重体育技能的传授,将教学重点放在实践环节,而对理论知识的教学重视不足。这种教学方式虽然能够在一定程度上提高学生的体育技能水平,但忽视了素质教育的重要性,不利于学生的全面发展。高素质、高水准的教师能够运用先进的教学方法和手段,激发学生的学习兴趣,提高课程的教学质量和水平。在体育教学中,要摆脱传统教学观念的影响,重视素质教育和学生的全面发展。同时,要加强体育类精品课程的教师团队建设,解决存在的问题,突破瓶颈和限制,推动体育精品课程的建设进程。

(四)教学条件相对落后

体育教学必然需要特定的实践场所,而建设这些实践场所需要耗费大量的人力、物力和财力资源。在过去的一段时间里,国家高度重视体育教育,大力扶持校内外实践性教学场馆的建设。通过各方的努力,这些场馆的建设取得了显著的成果,为体育教学提供了有力的支持。但场馆修缮维护力度较弱,针对特殊项目的场馆建设缺乏专业性,无法满足特定体育项目的教学需求,这直接影响了体育教学工作的开展。而精品课程的开放性和共享性特点要求有一个完善的网络平台作为支撑,实现教育资源的共享和传播。

精品课程网络平台为学生提供了丰富的学习资源,让学生能够随时

随地进行自主学习,同时也为师生之间的互动交流搭建了桥梁。其重要性丝毫不亚于传统的课堂教育,甚至在某些方面具有独特的优势。高校在建设精品课程以来,对网络平台的建设工作越来越重视,也取得了较好的成绩,但依然存在很多问题,具体从以下三方面体现出来。

第一,由于在网络平台建设方面缺乏明确的规范和统一的标准,使得不同学校的网络平台在质量上存在着巨大的差异。

第二,网络平台的持续升级和维护工作不到位,上传相应课件和学习资料的速度滞后于纸质更新,不利于学生及时掌握一手资料和获取一手信息。

第三,教学资源的制作质量也是影响精品课程网络平台使用效果的重要因素。对于体育类精品课程来说,实践性是其重要特点之一。学生在自我学习的过程中,非常希望能够通过观看高质量的视频教学片,直观地学习和模仿动作。但是,目前有些课件或教学视频的质量不高,画面不清晰、讲解不详细,导致学生学习不顺利。这不仅影响了学生的学习体验和学习效果,也降低了精品课程资源共享的使用效率。

二、校园篮球精品课程建设的对策

(一)优化教学模式,丰富教学内容

在篮球教学当中,直观的现场教学示范无疑是重中之重。然而,仅仅依靠传统的教学示范方式,容易让学生陷入乏味与枯燥之中。因此,积极引入现代化教学手段势在必行。现代化教学手段丰富多彩,可以为篮球教学带来全新的活力。通过录像设备记录优秀运动员的运动轨迹,再以慢动作展示给学生,这一过程中教师的剖析与提醒,能够让学生更加清晰地理解动作要点和注意事项。动作捕捉技术在电影制作中大放异彩,若将其应用于篮球教学的比对教学中,更是有着独特的优势。分别记录教师和学生的动作轨迹,能够精准地找出学生的错误动作,为学生深入理解正确动作和模拟运动轨迹提供有力支持。这种个性化的教学过程,充分展现了学生的个性特征,为构建针对不同学生的特殊教学和学习模式奠

定了基础。通过这样的方式,能够极大地激发学生的学习热情,提高教学效果。

教师通过长期的教学实践,不断探索和总结,往往能够创造出一些先进的教学方法。以篮球老师自创的"三人交叉训练技术"为例,这一教学方法在传球教学中发挥了重要作用。通过实践验证,该技术能够有效地提高学生的传球技能和团队协作能力,具有很好的教学效果。在今后的教研工作中,我们应该充分重视这类先进教学方法的研发和扩展。通过深入研究和不断改进,使其更加完善和实用。同时,将这些先进的教学方法反馈到网络共享平台和新教材中,能够让更多的教师和学生受益。

(二)加强政策扶持,改善教学条件

在教育教学中,精品课程的建设至关重要。政策的支持与导向同样是篮球精品课程发展与进步的重要保障。精品课程的良性发展离不开立项时的合理组织,课程建设中的监督检查、经费投入及对专职教师的鼓励。高校应大力加强对相应组织机构和制度的建立健全,从精品课程建设的前期准备阶段开始,一直到建设结束,尽可能在网络平台上实现共享,充分发挥精品课程这一优质资源的作用。

政策保障在精品课程建设中起着引领和推动的作用。立项时的合理组织能够确保课程建设的方向正确、目标明确。课程建设中的监督检查可以及时发现问题并加以解决,保证建设质量。经费投入为课程建设提供了经济支持,确保各项工作的顺利开展。对专职教师的鼓励能够激发他们的工作热情和创造力,提高教学水平。高校应建立健全相应的组织机构和制度,为精品课程建设提供有力的保障。从前期准备到建设结束,充分利用网络平台实现共享,可以扩大精品课程的影响力,让更多的人受益。

(三)提高教师素质,加强师资队伍建设

篮球精品课程的建设质量与教师素质紧密相连。教师作为课程的实施者和引导者,其素质的高低直接影响着课程的品质。优秀的篮球教师队伍不仅具备扎实的专业知识和高超的教学技能,还拥有良好的师德师风和科研素养。他们能够以高尚的品德影响学生,以丰富的知识启迪学生,以精湛的教学艺术吸引学生。只有这样的教师队伍,才能够打造出一流的篮球精品课程。在建设篮球精品课程的过程中,加强师资队伍建设、提高教师素质至关重要。为此,需要做好以下工作:

(1)对现有的专职体育教师应给予积极培养。通过优化教师的学历和职称结构,提升教师队伍的整体学术水平和专业地位。鼓励教师考取专业资格证书,为他们提供更多的专业认可和发展机会。学术交流和培训机会则如同打开了一扇通往知识更新和教学创新的大门,使教师能够接触到新的教学模式和方法,为教学注入新的活力。

(2)组织观摩优秀的篮球比赛实况具有重要意义。这不仅能让教师们直观地感受篮球技巧的精妙运用,还能深入了解前沿竞技水平,从而将这些宝贵的经验和认知融入教学中,提升教学的质量和实用性。

(3)高级别篮球教师对年轻教师的带教作用不可忽视。他们拥有丰富的教学经验和专业知识,通过传授这些宝贵财富,可以帮助年轻教师快速成长,提高教学水平,进而推动课程建设的进程。

(4)鼓励教师进行双师素质的培养和进修是提升教师专业素养的重要途径。积极参与校外企业或其他单位的篮球活动实践,能让教师拓宽视野、丰富经验,更好地了解篮球运动的社会需求和前沿动态。通过总结群众对篮球运动的关注要点,并在教学中进行反馈,教师能够使教学更加贴近实际需求,为篮球事业的发展贡献自己的力量。鼓励教师开展学生比赛,在积极争取名次和荣誉的同时,总结和改善实战中的教学方法与模式,提升自身的教学素质。

(四)规范从严治学,严格教学制度

教学制度如同坚实的基石,为教学活动的顺利开展提供了根本保障。对精品课程的建设而言,严格遵守相关教学制度更是至关重要。在篮球精品课程的建设中,课题组对篮球教学技术和科研动态进行集体探讨具有重要意义。不同的思想和观点相互碰撞,能够激发创新思维,产生优秀且正确的结论。通过这种方式,可以充分发挥每个人在精品课程建设中的作用,让大家都能为课程的发展贡献自己的力量。同时,对有价值的教学经验和可靠的教学方法进行推广,能够提高整个教学团队的教学水平,促进篮球精品课程的建设不断向前推进。

(五)立足科学研究,勇于挑战难题

对教学实践工作而言,科学研究能够为其提供坚实的理论支撑和创新的方法指导,有力地推动教学实践不断向前发展。体育类科研工作由于其专业性和特殊性,难度相对较高。但也正因为如此,体育类科研工作拥有广阔的发展空间和充满希望的前景。高校作为教育和科研的重要阵地,有责任组织和鼓励青年教师积极投身于体育教学科研类项目。通过申报和参与这些项目,年轻教师能够深入研究体育教学中的各种问题,不断总结教学理论,探索更加有效的教学方法和策略。在科研的过程中,年轻教师可以锻炼自己的思维能力、研究能力和创新能力,提高自己对教学理论的理解和把握,同时也能够将科研成果应用于教学实践,提高教学效果。

篮球技术科研专业性之强、交叉学科之多、知识范围之广,对研究人员提出了极高的要求。提高竞技技能和减少运动损伤是篮球技术科研的两个关键方向。为了实现这两个目标,研究人员需要在具备专业篮球知识的基础上,深入了解运动人体医学方面的内容。只有将两者巧妙结合,才能在篮球技术科研中取得突破。这种高要求为篮球精品课程建设带来了新的机遇和挑战。它拓展了建设的空间,丰富了建设的思路。通过将篮球技术科研与精品课程建设相结合,可以为学生提供更加专业、科学的篮球教育,提高学生的篮球技能水平,同时减少运动损伤的发生。这对培养优秀的篮球人才具有重要意义。

第四章　校园篮球课程智能教学方法

在篮球场上,篮球运动员的心智能力是其提高运动水平的重要组成部分,本章将重点对篮球运动员心智能力的科学化训练进行研究,主要包括篮球运动员心智能力相关理论阐析、篮球运动员心理能力训练内容与方法及篮球运动员智能训练理论与方法。

第一节　篮球心智能力的相关理论阐析

一、心理能力基本理论

心理能力包含很多方面,如动机、认知、自信心、注意力及应激、唤醒与焦虑等。

(一)动机

动机是指推动一个人进行活动的心理动因或内部动力。它能引起并维持人的活动,将该活动导向一定目标,以满足个体的念头、愿望或理想等。

1.动机的分类

根据不同的划分标准,可将动机划分为以下两类。

(1)按动机来源分类

①内部动机。内部动机是指以生物性需要为基础,通过积极参加某种活动,应对各种挑战,展示自己的能力,实现自己的价值,体验满足感和效能感的动机。它是汲取内部能量的动机,从内部对行为进行驱动。内部动机对人具有激发作用,其行为的动力来自内部的自我动员力量。

②外部动机。外部动机是指以社会需要为基础,通过某种活动获得相应的外部奖励或避免受到惩罚以满足自己的社会性需要的动机。它是汲取外部力量的动机,从外部对行为进行驱动,其行为的动力来自外部的动员力量。

内部动机与外部动机是相互影响、相互促进的关系。外部动机对内部动机的影响既可以是积极的,也可以是消极的;既能起到加强内部动机的作用,也能起到削弱内部动机的作用。这主要取决于奖励方式对运动员的刺激程度。如果奖惩得当,则外部奖励甚至小范围的惩罚都有可能激发运动员的正确行为,并促进外部动机向内部动机转化;反之,则会破坏内部动机,得到相反的效果。

(2)按兴趣分类

①直接动机。直接动机是指以直接兴趣为基础,指向活动过程本身的动机。例如有的运动员对于自己从事的运动本身感兴趣,认为它是对自己身体机能的积极挑战,从中可以最大限度地发挥和体现自己的潜力,这种训练动机就属于直接动机。

②间接动机。间接动机是指以间接兴趣为基础,指向活动结果的动机。例如有的运动员对比赛本身不感兴趣,仅仅认为这是必须克服的困难,这样的动机就属于间接动机。

2.动机的培养与激发

(1)满足运动员的各种需求

①追求刺激和乐趣的需要。篮球训练是一个长期的过程,也是一个枯燥的过程。如果训练安排枯燥无味或者对运动员提出过高的要求,那么运动员就会失去训练的乐趣,运动动机就会明显下降。

②获得集体归属感的需要。不论从事何种职业,任何人都需要一定的归属感。运动员参加运动训练就是希望能成为运动集体中的一员,只有感觉到自己在集体中的价值才能建立积极的动机去为团体赢得荣誉。因此,教练员可以利用集体的行为规范、集体的目标、集体的荣誉感来激

发运动员的成就动机。

③展示自我的需要。运动员在参加训练和比赛时,最普遍、最强烈的需要就是感到自己是有价值的需要。这种需要是由运动员归因的特点决定的,一般来说可以分为两类:一是成功定向的运动员;二是失败定向的运动员。无论对哪一类运动员,自我价值感都是他们最为珍惜和悉心保护的精神财产。展示自己的才能并使他人承认自己的价值或者不必得到他人的尊重而只须自认为有价值、有能力,都可以满足这种需要。

对于失败定向的运动员,教练员应帮助其重新确定目标,并尽可能地通过采取必要的措施和手段来满足运动员展示自我的需要,这样才能有效地激发他们的训练动机,增强训练的质量和效果。

(2)运用强化手段培养动机

强化是指出现可接受的行为时给予奖励或者撤除消极刺激的过程。强化手段利用得当能很好地培养和激发运动员的训练动机,但是运用不当,就可能对动机造成极大的破坏。一般情况下,强化的方法要优于惩罚的方法,因为它比惩罚更能鼓励正确的行为,当然适当的惩罚在某些时候也是必要的。运用强化手段培养动机时,要注意以下四点:

①明确应获奖励的行为、奖励的条件及奖励的标准,奖励要适当,要以能激发运动员的动机为标准;

②最好对达到标准的良好表现进行没有规律地强化;

③鼓励运动员间的相互强化;

④奖励不是最终目的,而是加强内部动机。

(3)采用依从、认同和内化方法培养动机

①依从方法。依从方法是指利用外部奖励和惩罚来激发动机的方法。该方法是激发动机的有效手段,特别是对那些自我观念淡薄的运动员来说,尤其如此。

②认同方法。认同方法是指利用教练员与运动员之间的关系来激发动机的方法。这种方法能有效地激发运动员的运动动机,但需要教练员和运动员保持良好的关系,使运动员能按照教练员的要求去做。

③内化方法。内化方法是指通过启发信念和价值观来激发动机的方法。内化方法会随着年龄的增长及心理的不断成熟而起到明显的效果。

(4)自我调整以引发动机

大量的实践表明,运动员通过自我调整,可以加强动机,促进责任感和自我价值感的发展。这一点对培养和激发运动员的运动动机尤为重要。一般来说,在运动训练中,教练所做的训练安排还是比较适合运动员发展的。但只有运动员最了解自己的实际状况,一旦运动员学会了如何设置训练计划,他们就有可能会设计出更适合自己发展的计划。因此,教练员应根据运动员的能力和水平,在有组织的范围内下放权力,培养他们的责任心、自觉性及在有限条件下做出正确决策的能力,这样能有效地激发运动员的运动动机。

(二)认知

人的认知能力是与生俱来的,但也会受环境、年龄等多种因素的影响。认知过程是指人在认识客观事物的活动中表现出来的各种心理现象。在篮球运动中,认知是最基础的心理能力。

1.感知觉能力

感觉是在事物的直接影响下,大脑对事物个别属性的反应。例如听到声音、看到颜色、嗅到气味、觉察到运动等,都是感觉。知觉是在事物的直接影响下,大脑对事物整体的反应。当客观物体直接作用于各种感觉器官时,人脑中便产生了这些事物的整体形象,即知觉过程。

感觉和知觉都是人脑对直接作用于感觉器官的客观事物的个别属性或整体的反应,是认识的开端和起点。在篮球训练中,运动员要想掌握和发挥篮球运动技术,首先要有敏锐的感觉能力,即要有较高的感受性,这样才能更好地感知动作和各个动作之间的微小区别,及时发现细微的错误动作。较高的感受性还能使运动员迅速感知外界刺激,从而加快反应速度。篮球运动员应该加强对篮球相关理论知识和实践知识的感知训练。

2.思维能力

思维是人脑对事物本质及规律性的认识活动,如对人的认识,感知觉只能反映出各种各样的、具体的、活生生的人,而思维则能舍弃人的具体的形象、肤色、面貌、解剖构造等非本质特征,而把人能够制造生产劳动工具、使用工具、进行社会生产活动,并具有语言、思想意识和高级感情的本质特征概括出来。一个人通过练习可以学会某一运动技能,但要提高这种运动技能的水平就必须通过思维掌握这种运动技能的本质和规律。在比赛时,比赛场面复杂纷繁,情况瞬息万变,所以,篮球运动员在训练的过程中,要保持思维的独立性、敏捷性和深刻性,这样才能保证训练的质量,并在比赛中发挥出应有的水平。

(三)自信心

优秀的篮球运动员除了拥有良好的技术和体能之外,往往具有强大的自信心,自信心能帮助他们很好地进行训练和比赛,并发挥出自己的篮球运动水平。

1.运动自信的概念

自信是指一个人相信自己,对自己知道的事情、能够完成的事情或任务坚信不疑。运动自信是指运动员相信自己能够成功完成某项运动任务的信念。其中的运动任务可以是学会某项篮球技术,或者是从运动损伤中康复等。虽然任务不同,但共同点都是相信自己能够完成这项任务。

2.运动自信与运动表现

运动自信在一定程度上影响着运动员的运动表现,主要的原因包括以下三个方面。

①自信是决定一个运动员能够成功表现的重要心理技能,是心理韧性中最重要的心理技能。

②自信可以有效区分运动员能否成功。因为成功的运动员自信程度更高,他们的焦虑水平较低,有更多积极的想法,很少有消极的想法。另

外,不仅个体的运动自信能够预测运动员的成功,集体自信也会影响团队的运动水平,自信程度越高,其运动水平越高。

③自信在一定程度上可以调节运动员的焦虑水平。较高自信的运动员可以对焦虑进行积极调节,使个体重新调整情绪,进而对运动成绩产生影响。

3. 运动自信的培养策略

(1)引发一定的成功体验

获得一定的成功,可以提升一个人的自信,并促使产生更多的成功行为。运动员如果在平时的训练中体验到成功的乐趣,如在篮球运动训练中,多次成功地完成持球突破的技术,那么就会对自己的能力充满自信。因此,教练员可以创设一定的运动情境,让运动员在平时的训练中就能获取一定的成功体验,以提升其对自身能力的认可程度,从而提高运动员的自信。

(2)进行心理技能训练

进行一定程度的心理技能训练,有助于提升运动员的自信程度。具体可以采用以下两种方法进行心理技能训练。

①自我对话。自我对话是指运动员自己对自己说关于自己是否能够达到预期目标能力的话语。积极的、具有任务导向和鼓励性质的自我对话能够提升运动员的自信。运动员可以采用情绪的(如激动、投入、喜悦等)、技术的(聚焦于成功执行的话语)及记忆的(回忆先前成功体验的话语)自我对话形式提高自信。

②设定一定的目标。通过对不同形式目标的设定及相关策略的实施,可以有效提高运动员的控制感,提升运动员的专注力,从而提高运动员的自信。

(3)建立乐观的思维定式

乐观的运动员面对比赛胜利时会进行内部归因,如技术好、战术正确等,进而提升自信;在遭遇失利时,会将失败归因于技术或战术不对,以保护自信。这些方式都有助于运动员成绩的提高。因此,教练应该促进运动员建立积极乐观的思维定式。

(4)重视赛前准备工作

良好的身心状态是运动自信的重要来源。因此,运动员应该重视赛前准备。在比赛前,运动员主要应对自身的身体、技术、战术和心理方面进行准备,同时对出行时间、进餐时间、赛前仪式等也要进行充分准备。

(5)提供外界支持和鼓励

对于运动员来说,来自家庭、教练、队友和朋友的支持和鼓励,能够明显增强运动员的自信,特别是来自教练员的鼓励。

(四)注意力

对于运动员来说,注意力在很大程度上影响着比赛任务的完成质量,因此,应该注重运动员这方面能力的培养和提高。

1.注意力的概念

注意力是指人的心理活动或意识选择指向和集中于某种事物的能力。注意力促使人去选择一些符合自身需要的、有意义的活动或者去选择一些与当前活动任务相关的各种刺激,避免那些无意义的、干扰当前活动的各种刺激,以保证个体对事物的正确认识和反应。

2.运动员注意力的培养原则

运动员要想在比赛中有效利用注意力,及时调整比赛中注意力的指向,具体应该遵循心理定向的以下三个原则。

①过程定向原则。这个原则要求运动员将注意力集中于比赛的具体程序和任务,而不要过多考虑比赛的结果及比赛结果带来的利益。

②主位定向原则。这个原则要求运动员将注意力集中于自身,不要过多关注对手或环境因素。

③当前定向原则。这个原则要求运动员要关注场上的比赛,不要过多想已经产生的失误、之前比赛的失利或可能出现的比赛结果。

(五)应激、唤醒与焦虑

1. 应激

应激是指个体对应激源或刺激做出的反应。应激源是指那些唤起机体适应反应的环境事件与情境。生活中发生的一系列重大事件,都有可能对我们的应对能力形成挑战,使我们感到难以应付,从而形成应激,带来身体和心理上的不适。这些生活事件打破了我们日常的宁静和平衡,需要我们去适应新的环境,因此具有明显的应激性质。研究表明,当人处于高应激时,应避免参加竞技性强的运动,因为该类运动会增加更多的应激源,容易导致身体受伤。对应激的控制应注意以下两点。

(1)选择适度的运动与积极应激

应激引起机体的本能反应是"搏斗或逃跑",这时体内动员能量的交感-肾上腺系统被激活,肾上腺髓质分泌更多的儿茶酚胺进入血液,血液中儿茶酚胺水平会升高,如果进行搏斗或逃跑,则动员的能量得以释放。在现代社会的应激反应中,很少进行这种类型的能量释放,这种能量被动员而无法释放的状况一旦出现就会扰乱身心平衡的状态,从而损害机体。因此,释放能量就成为对抗应激的一种手段。

(2)避免过度的运动与心理耗竭

心理耗竭是由情绪和精神压力形成的一种心理现象。在运动锻炼时,长期运动强度过大,不仅会损害运动员的身体健康,而且会给运动员的心理健康带来负效应。这种负效应主要表现在心理耗竭上。心理耗竭的生理症状主要有安静时心率增加、长期肌肉疲劳、失眠、体重减轻、感冒和呼吸道疾病增加等。

2. 唤醒

唤醒是指有机体总的生理性激活的不同状态或不同程度。唤醒有三种表现:脑电唤醒(刺激使脑电出现去同步化的低压快波)、行为唤醒(非麻醉动物唤醒时伴随着行为变化)和植物性唤醒(较高水平刺激时的植物性神经系统的活动)。这三者可以同时存在,也可以单独存在。唤醒对维持和改变大脑皮层的兴奋性、保持觉醒状态有重要的作用,它能为注意力的保持与集中提供能量。

3. 焦虑

焦虑是指人由于不能克服障碍或不能达到目标,而感受到身体和心理的平衡状态受到威胁,形成的一种紧张、担忧并带有恐惧的情绪状态。焦虑状态含三种主要成分,分别为生理唤醒、情绪体验及威胁、不确定性和担忧的认知表征。在一定的条件下,运动员都会表现出不同的焦虑,一般来说焦虑可以分为以下四种。

(1)状态焦虑

状态焦虑是一种由紧张和忧虑造成的一些可意识到的主观感受,也是高度自主的神经系统活动。如第一次参加重大篮球比赛的运动员,踏入球场时感受到的紧张、不安,就属于比赛前的状态焦虑。

(2)躯体焦虑

躯体焦虑主要是由运动员自发的唤醒而引起的,通过心跳加快、呼吸急促、手心出汗、肠胃痉挛及肌肉紧张等表现出来。

(3)认知焦虑

认知焦虑是焦虑的认知性特征,由对内外刺激的评价引起,是含有担忧和干扰性视觉表象成分的一种不愉快的感受。躯体焦虑和认知焦虑在概念上是独立的,但在应激情境中有可能会发生改变。

(4)特质焦虑

特质焦虑是指在各种情境中产生焦虑反应的情绪倾向和行为倾向。也就是说,一个人无论在何种情境中都预先具有一种以特殊的焦虑反应方式和焦虑反应程度来对待事物的倾向,从而显示出多种情境中焦虑反应的一致性。

二、智力相关理论

(一)智力的定义

根据学者们对智力的相关研究,我们可以将智力定义为一种包含学习能力、问题解决能力、社会适应能力及对情绪有效运用和思考的一种综合能力。

(二)智力的分类

根据美国心理学家加德纳的研究,我们可以将智力分为以下七类。

1. 语言智力

语言智力主要指的是人们处理词汇和语言的能力,主要包括口头语言和书面语言能力。通常情况下,善于表达、能说会道、妙笔生花的人,其语言智力比较高。

2. 逻辑—数学智力

逻辑—数学智力主要是指一个人进行数学运算和逻辑推理的能力,以及进行科学分析的能力。通常情况下,律师、数学家、经济学家等人的逻辑—数学智力比较高。

3. 视觉—空间智力

视觉—空间智力主要是指人在大脑中形成一个外部空间模式,并且能够运用和操作该模式的能力。通常情况下,画家、雕塑家、建筑师的视觉—空间智力比较发达。

4. 音乐智力

音乐智力主要是指一个人感知并创造音调与旋律的能力,音乐智力大部分来自天赋。

5. 身体—动觉智力

身体—动觉智力是指一个人运用整个身体或身体中的一部分解决问题或制造产品的能力。通常情况下,舞蹈演员、运动员、外科医生的身体—动觉智力比较强。

6. 人际智力

人际智力主要指的是理解他人的能力,人际智力高的人善于处理各项人际关系,善于与人交往。通常情况下,销售员、教师、培训师、客服人员、心理咨询医生、律师及外交家的人际智力比较高。

7. 自省智力

自省智力,主要指人深入地剖析自己,了解自己内心感受,进行自我内省的能力。一般情况下,自省能力高的人,取得成功的几率就大。

三、运动的心智反应过程

(一)感知过程

1. 运动与感觉系统

(1)动觉

动觉也被称为运动觉或本体感觉,它负责将身体运动的信息传入大脑,使个体对身体各部位的位置和运动有所知觉。动觉主要由四部分组成:肌觉、腱觉、关节觉和平衡觉。当身体参与活动时,肌肉与肌腱的扩张与收缩,以及关节之间的压迫,产生刺激并引起神经冲动,传入中枢神经系统而引起动觉。动觉是发展高水平运动技能的关键。

(2)视觉

视觉是通过眼睛、视传入神经和视觉中枢产生的感觉。视觉对于绝大多数运动项目来说都是至关重要的。例如在篮球运动中,球、对方队员、同伴队员始终都在不停地运动,只有准确地观察这些空间、方位和距离上迅速变化的各种关系,才能建立正确的行动方向。

(3)听觉

听觉是通过耳朵、听传入神经和听觉中枢对频率为 20～20000 Hz 的声音刺激产生的感觉。听觉刺激可以通过中枢神经系统的兴奋扩散效应,诱发动觉中枢的兴奋,从而产生节奏感,即听觉和动觉的联合知觉。

(4)触压觉

触压觉是由非均匀分布的压力在皮肤上引起的感觉,分为触觉和压觉两种。触觉是指因外界刺激接触皮肤表面,使皮肤轻微变形,从而引起的感觉。篮球运动对触压觉也有较高的要求,触觉的敏感性体现在篮球运动员的脚背和脚内侧上。

2.运动与知觉系统

(1)空间知觉

空间知觉是对物体空间特性的反映,包括形状知觉、大小知觉、深度知觉、立体知觉、空间定向等。在篮球运动中,传接球、抢断、投篮等动作的完成,都需要运动员必须首先判断出球、对方队员、同伴队员和自己的空间特征情况和彼此间的关系等。空间知觉包括两种:方向知觉和距离知觉。

(2)时间知觉

时间知觉是对时间长短、快慢、节奏和先后次序关系的反映,它揭示出客观事物运动和变化的延续性和顺序性。自然界中有规律的周期性的变化和人体内部的生理变化是人们产生时间知觉的依据。

时间知觉同时机掌握和情绪态度有着非常重要的关系。例如在篮球运动中,前锋队员投篮时除了要具有良好的技术外,还要注意投篮时机的把握。当比赛快要结束时,处于比分领先或者落后的一方运动员,对时间的知觉是不同的。前者倾向于时间过得慢,后者感到时间过得比平时快得多。

(3)运动知觉

运动知觉是对外界物体运动和机体自身运动的反映,通过视觉、动觉、平衡觉等多种感觉协同活动来实现。运动知觉包括对自身运动的知觉和对外界物体运动的知觉。

①对自身运动的知觉。对自身运动的知觉主要是通过运动分析器获得的,运动分析器的感受器分布在肌腱和韧带中的感觉神经末梢。当机体活动时,这些感受器就受到某种程度的牵拉,产生神经冲动,从而对自身机体活动有所知觉。

根据动作的形态、幅度及时空等特征,可将对自身运动的知觉分为四类:运动形态知觉、运动幅度知觉、自身运动的时间知觉及身体空间位置和方向知觉。

根据动觉分析器及其他分析器提供的信息,可将自身运动的知觉分为八类:主动运动时的用力知觉、运动器官发生改变时的知觉、分辨运动器官活动开始与终结时的方位知觉、运动器官提升到一定高度时的用力知觉、身体运动的速度知觉、身体表面接触到外界物体时的各种触觉、躯体或运动器官位置变化时的各种平衡知觉和来自心脏的各种知觉。

这两种分类系统可以作为测量自身运动知觉的参考体系,体育教师可以根据项目的特征,在以上分类中选择适宜的方面,对学生进行专项运动知觉的测量,以促进学生运动技术水平的提高。

②对外界物体运动的知觉。对外界物体运动的知觉是指完成知觉外界物体的运动是依靠以视觉为主的一些外部感受器来进行的,它受到四个方面的制约:一是运动物体的形状大小与速度知觉成反比;二是运动物体的形状大小与运动速度知觉的下阈限及上阈限成正比;三是运动场地的变化会影响速度知觉的发挥;四是在一定范围内,光线亮度与速度知觉成正比。

(4)专门化知觉

专门化知觉是运动员在长期实践过程中形成的一种综合性知觉,它能对运动员自身运动和环境因素做出精确的分析和判断。其特点主要包括以下三个方面:

①具有综合性,依赖多种分析器的同时活动;

②具有专项性,不同的分析器依据不同特点在不同的专门化知觉中起不同的作用;

③在专门化知觉中,动觉是其主要因素,如球类项目的球感就以高度发展的动觉为基础。

对专门化知觉的测量要因运动项目而异,需要注意的是,在测量专门化知觉时,往往采取多种方法进行测量,这比单一的测量方法更加全面和有效。另外,还要注意运动员知觉特征的个体差异性。

(二)记忆过程

人们日常生活中的一举一动,都与记忆有关。运动记忆与人体的肌肉活动密切相关,与形象记忆、情绪记忆等有着明显的区别。

1. 短时运动记忆与长时运动记忆

短时运动记忆是指在对一个运动项目的练习停止后,其遗忘的速率会随着时间的变化而变化,遗忘的进程先快后慢,但其记忆的内容不会全部忘记。而长时运动记忆是指学习一项运动技能后,一旦熟练掌握,就能记忆相当长的一段时间。这两种记忆过程是在日常生活中普遍存在的。

2. 运动表象

内部表象是指以内部直觉为基础,以内心体验的方式感受自己的运动操作活动,表象自己正在做各种动作。其实质是动觉表象或者肌肉运动表象。

外部表象是指可从旁观者的角度看到其表象的内容,其实质是视觉表象,感受不到身体内部的变化。内部表象时的肌肉活动要高于外部表象时的肌肉活动。

3. 运动记忆中的信息加工

认知心理学认为,在短时记忆的短暂时间中,个体对产生于本身的刺激,通过知觉组织加以处理,将零散的个别信息组合成一个包括多个单元的、便于记忆的整体,这就是运动记忆中的信息加工。对于任何人来说,在短时间内单纯依靠记忆是很难准确地记住太多内容的,这就需要在大脑中进行某种组合加工,以"组块"的形式存入短时记忆。

(三)思维过程

根据思维的抽象性对思维进行分类,可将思维分为直观行动思维、具体形象思维和抽象逻辑思维。人类最初发展的思维形式都是直观行动思维。一般来说,直观行动思维在个体发展中向两个方向转化:一是在思维中的成分逐渐减少,具体形象思维增多;二是高水平的操作思维发展迅速。操作思维是反映肌肉动作和操作对象的相互关系及其规律的一种思维活动,运动员掌握运动技能和表现运动技能,都需要发达的操作思维作为认识基础。这时的操作思维就不是低级的直观行动思维了。

第二节 篮球心理能力训练的内容与方法

一、篮球运动员心理能力训练的内容

篮球运动员的心理能力训练是在一般心理能力训练基础上,形成专项特点的心理素质的过程,其训练的内容主要包括以下五个方面。

(一)专门化知觉

专门化知觉是指运动员在长期的专项训练过程中形成的某些特殊的感受知觉,它们是一种复合知觉,也是运动员主要的心理因素之一。篮球运动员的专门化知觉,包括球感和时空感等。

1. 球感

球感是运动员对篮球的一种专门化知觉,这种知觉是在长期坚持和训练的基础上形成的。球感是运动员对球的大小、轻重、形状和弹性等极为精细的分化,是一种综合性的知觉。良好球感的形成需要进行长期的触球训练,否则此种知觉便会减退或消失。另外,需要注意的是,运动员在情绪激动或疲劳的情况下,球感也会出现相应的减退现象。

2. 时空感

时空感是运动员在比赛过程中,对时间和空间的视觉分析器、运动分析器和能力分析器的各种刺激物进行精细分化,并在大脑皮层中形成复杂而稳固的神经联系的结果。良好的时空感是经过大量的刻苦训练才能获得的,是运动员最重要的专项心理素质之一,它决定着运动员球感的精确度,是运动技能高低的重要标志。运动员判断能力的强弱在很大程度上依赖时空感的强弱,运动员时空感好,则其对于比赛中球的运动轨迹、球员的位置移动等具有更好的判断,在比赛中才能够变被动为主动。

现代篮球比赛对抗激烈,场上形势瞬息万变,这就要求运动员在比赛过程中要在极短的时间内捕捉攻防的时机。为此,运动员必须拥有敏捷的反应和果断的行动。篮球运动员还要准确把握同伴、对手、篮球及高度、速度和距离等场上信息,以便进行准确的判断。这些都是进行空间判断的重要依据。情绪的稳定是发挥运动员潜力的重要因素,也是取得比赛胜利的重要条件,其重要性显而易见。篮球教练和运动员在比赛前后应该做到如下三点:

①在比赛开始前,要防止运动员出现过于激动、淡漠或盲目自信等状态,如果出现相应的精神状态,则应该对运动员的心理状态进行深入分析,分析造成这些精神状态的原因,并告知运动员这种情绪状态的不良后果,引导其保持良好的精神状态。

②在比赛过程中,运动员应该保持适当的兴奋状态,而情绪稳定正是要运动员保持这种状态,以便更好地发挥其训练水平。我们知道赛场形势复杂多变,而运动员的情绪也可能表现为陶醉状态与狂热状态、悔恨状态与消极状态的交替。因此,运动员要注重自身情绪状态的变化,并进行积极调整,而教练员也要通过针对性地暗示,鼓舞运动员的信心和斗志,消除运动员的紧张情绪,并提出相应的防范和解决消极情绪的措施。运动员要保证在比赛中精神处于振奋状态,教练员要帮助其激发在比赛中最深刻和最复杂的情感,即荣誉感、自豪感、义务感和责任感,从而使运动员的力量、能力和意志得到最大限度的发挥。

③在比赛之后,教练员和运动员要对引起比赛成败的各项因素加以认真讨论,以提高运动员的心理素质。

(二)注意力

注意力即运动员全神贯注地确定一个目标的能力。在篮球运动中,球员的目标就是积极地进行进攻与防守,最终赢得比赛。在比赛过程中,有很多影响球员注意力的因素,包括场上球员、观众、教练和裁判等对运动员均能够产生一定的干扰,从而使其注意力不能集中,对比赛产生消极的影响。

篮球运动员要想做到在比赛中不被外界因素所干扰,不影响自身技术的发挥,就要在进行排除内外消极干扰的训练时,积极地运用自我暗示、想象训练、指导语等方法进行调控,克服外界的影响,将全部精力集中在比赛上。

(三)自信心

自信心是良好的心理素质的重要组成部分,它决定着一个人整体个性的全面发展。在比赛过程中,保持良好的自信心能够使运动员保持清晰的头脑,勇敢地面对对手及相应的困难,能够顽强拼搏、超越自我。与自信状态相对的则是自卑状态,在这种状态下,运动员将会不相信自己的能力,畏首畏尾,错失很多绝佳的攻防机会。

运动员应该不断地提高自我认识,对自身形成积极的评价,发掘自身与众不同的价值。教练员应该对球员进行鼓励,对队员的能力和品质予以积极地肯定,促进其自信心的培养和发展。

(四)意志品质

篮球运动员的意志品质表现为在比赛中全力以赴地实现既定目标所做出的克服困难的努力。在比赛过程中,运动员的坚毅、顽强、果断、勇敢、沉着等意志品质相辅相成,对比赛产生了重要的影响。运动员意志品质培养的目标就是要提高对自身的控制能力,使自身的意向、行动和行为具有高度的自觉性。这一能力的最高表现形式为自我教育,运动员能够自觉地完成相应的任务,严格地遵守相关的制度和要求,做到自我激励、自我完善和自我约束。具有良好意志品质的运动员能够积极克服懒惰、注意力不集中和疲劳等状况,保持不怕苦难、奋勇争先的精神,形成积极进取、永不退缩的良好品质。在心理训练时,教练员应该针对不同运动员的不同意志特点进行培养,锻炼其在困难环境中比赛的能力。

(五)情绪稳定性

情绪是心理过程的具体表现形式,是人对事物的态度及相应的行为反应。情绪稳定对于篮球运动员来说具有重要的意义,它是运动员技能正常发挥的重要保证,是运动员主要的心理因素之一。在篮球运动实践过程中,运动员的整个身心都处于极度的紧张状态,因此,随着比赛的进行,运动员也会表现出多变的情绪体验,这是由篮球比赛的多变性与运动员的个性特点共同决定的。运动员的情绪变化对比赛会产生直接的影响,因此,运动员对自我情绪的控制和调节显得尤为重要,尤其是在己方落后或处于劣势时,情绪的消沉将会使比赛形势雪上加霜。

二、篮球运动员心理能力训练的方法

(一)表象训练

1.表象训练的概念

表象训练是在竞技运动中常用的心理素质训练方法。表象主要是指过去的感觉经验在头脑中的再现和重构过程。在平时的生活中,我们有各种各样的感觉经验,包括视觉经验、听觉经验、味觉经验和本体感觉经验。表象训练指的就是通过在暗示语的指导下,在头脑中反复想象某种运动动作或者运动情境,从而不断提高运动技能和情绪控制能力的过程。

通过一定阶段的表象训练,运动员可以巩固已经掌握的运动技能,例如篮球运动员通过训练可以对投篮动作进行定型。在篮球比赛中,运动员通过表象训练可以还原之前在比赛中获得过的成功经历,从而调节自己在场上的状态,发挥出更好的篮球竞技状态。

2.表象训练的方法

(1)基础表象训练

基础表象训练主要包括以下四个步骤:

①向运动员介绍表象和表象训练的相关知识,通过案例和实际演练让篮球运动员了解和相信表象训练的有效性,并且对表象训练产生一定的兴趣。

②评估篮球运动员的表象能力。通过对篮球运动员进行表象测试,

了解其表象能力,并了解其优势和不足。

③提高运动员的本体感觉能力。对于运动员来说,身体感觉能力非常重要,包括视觉、听觉等,在这个过程中,最重要的还包括本体感觉能力,本体感觉能力是不容易被记下来的一种感觉能力。

④表象的清晰性与控制性训练。清晰性和控制性是表象能力的两个重要方面。

第一,表象清晰性不仅是指视觉表象的清晰性,还包括完成动作所需要感觉的清晰性。反复练习可以提高运动员表象的鲜明生动性和真实性。

第二,表象控制性主要是指运动员能否操控自己的表象,如对头脑中表象的画面进行缩小或扩大。

(2)篮球专项表象训练

在经过基础性的表象训练后,运动员基础的表象能力得到了提高,随后,就可以结合篮球运动的专项技术和实际情况进行专项表象训练了。运动员可以针对篮球的具体技能进行表象训练,也可以针对具体的情境进行投篮动作的表象训练。在进行投篮动作表象训练时,运动员应该将内部表象和外部表象相结合,外部表象可以加强对动作结构的认识,内部表象可以加强投篮过程中肌肉本体感觉的体验。

结合具体情境的投篮动作表象训练,是指根据篮球比赛中的各种具体情境来实施的表象训练。例如当比赛进入最后时刻,如果你的球队落后2分,并且你获得两次罚篮,或者当你的球队落后2分,教练员安排由你来执行最后一投时,这些情境都可以进行很好的表象训练。此外,运动员还可以进行上篮情境、运球突破情境和篮下脚步情境的表象训练。下面举一个具体的例子进行阐述:当比赛进入最后3秒钟的时候,你的球队落后1分,教练员要了一个20秒的短暂停,布置了一个接球投篮的战术,最后一投由你来执行,暂停结束后,所有球员都回到场上,队友给你做挡拆掩护,你摆脱防守球员,调整好自己的技术动作后,跳起投篮,将注意力转移至篮筐上,将球准确地投出去,想象一下球离开手掌的感觉,你感觉到这一球肯定会进,这时,你的队友都上来跟你拥抱庆祝,你也感到非常兴奋,做出庆祝胜利的动作。

(二)注意力训练

1.篮球运动员的注意力表现

注意力主要是指人的心理活动对一定对象的指向和集中,所有的心理活动都是在注意力的指向和集中下完成的。在篮球比赛中,运动员要时刻保持注意力集中,才能发挥出自己的竞技水平。例如在进行篮球罚篮时,运动员需要将自己的注意力集中在篮筐和篮板上,同时要忽视观众席的各种干扰,在比赛中,运动员要保持对比赛本身的关注,及时捕捉相关比赛信息,做出相应的决策和技术动作。

在篮球比赛中,运动员的注意力主要包括外部注意力和内部注意力。外部注意力主要是指运动员在比赛过程中要保持广阔的视野,进行传球跑位的选择、投篮的选择等;内部注意力主要是指运动员要根据比赛实际情况,选择合理的技战术,及时进行应对。

2.影响篮球运动员注意力的因素

(1)唤醒水平

在篮球比赛中,运动员的唤醒水平在一定程度上影响着运动员的注意力,唤醒水平过高,会消耗运动员的过多体能;唤醒水平过低,则不能使运动员做好对比赛的充分准备。因此,应该及时调整运动员的唤醒水平,使运动员可以保持充分的注意力准备。

(2)体能水平

在篮球比赛中,运动员的体能水平在一定程度上影响着运动员的注意力。篮球运动是一项高强度的竞技运动,运动员的体能水平非常关键,只有保持充沛的体能,才能在运动过程中时刻保持注意力集中,准确发挥自己的篮球技术,准确运用自己的战术,从而提高自己的竞技水平和比赛能力。

(3)运动技能熟练程度

在篮球比赛中,运动技能的熟练程度也会影响运动员的注意力,这是因为,如果运动员可以熟练地掌握篮球运动技能,如左右手运球技能、脚步灵活运用技能,那么在比赛过程中,就可以投入更多的精力来关注场上其他形势。

3.篮球运动员注意力的训练方法

篮球运动员注意力的训练方法主要包括以下两种:

(1)秒表练习

运动员注视手表秒针的转动,先看1分钟,假如运动员注意力1分钟没有离开过秒针,再延长观察时间到2~3分钟,等确定了注意力不离开秒针的最长时间后,再按此时间重复三四次,每次间隔时间10~15秒;如果能坚持注视5分钟而不转移注意力,则为较好成绩。每天进行几次这样的练习,经过一段时间,注意力就会提高。

(2)模拟练习

主要通过模拟练习的方法熟悉运动情境中可能存在的干扰,减少干扰因素对注意力的影响,如通过对观众席的模拟训练减少助威声对运动员注意力的干扰。

(三)意志品质训练

在竞技篮球场上,良好的意志品质可以帮助运动员在场上更好地发挥出自己的运动水平,当比赛进行到关键时刻,往往比拼的就是运动员的意志品质。此外,篮球运动训练也需要具有顽强的意志品质,只有具有坚忍的意志品质,才能在篮球场上获得巨大的成功,因此,意志品质训练是提高篮球运动员心理能力的一个重要方面。在进行意志品质训练时,应该采取以下三个方法:

1.进行长跑训练

长跑是一项需要很强意志力的运动,通过长跑训练,可以磨炼人的意志力,不断提高其意志品质。

2.观看体育励志电影

目前,电影市场上有一些体育励志电影,可以通过让运动员观看这些励志电影,让他们从中寻找启发,获得榜样的力量,以此来激发他们的潜在动力。

3.坚持做某一项训练

让运动员每天坚持去做某一项训练,如每天早起进行体能训练、每天坚持投篮训练等,可以促使运动员养成坚持不懈的习惯,促进其形成良好的意志品质。

(四)情绪控制训练

1.篮球运动员的情绪表现

(1)焦虑

焦虑主要是一种与身体激活或唤醒相联系的消极的情绪状态,主要表现为紧张、担心或忧虑等。在篮球运动比赛中,运动员也会出现对比赛的认知焦虑和躯体焦虑,这会影响篮球运动员在场上的表现和发挥。

(2)心理唤醒

心理唤醒主要是指个体对自己身心状态的主观体验和认知评价。心理唤醒主要包括正性唤醒和负性唤醒,正性唤醒主要包括兴奋、愉快、自信等积极情绪;负性唤醒主要包括焦虑、愤怒等消极情绪。通过正性唤醒,可以提高运动员的竞技表现。恰当的唤醒水平有助于运动员发挥出自己的最佳运动水平,不同类型的运动员的最佳唤醒水平是不一样的,与每个运动员的运动风格相关,篮球运动员应该选择与自己运动风格相对应的唤醒水平。

2.篮球运动员情绪控制的训练方法

(1)放松训练

每一个篮球运动员,在参加大赛或者第一次参加篮球比赛时,都会出现紧张、焦虑等情绪,这都是非常正常的表现和反应,因此,必须努力学会放松。篮球运动员放松训练的方法主要包括呼吸放松、自我引导放松、听音乐放松等。在进行放松训练时,篮球运动员应该在一个比较舒适的环境中,积极主动地参与和保持专注,运用各种指导语进行放松训练。篮球运动员可以根据自己的兴趣爱好和个人行为习惯进行赛前放松、赛中调整放松等训练,通过放松训练积极调整自己的身体状态,从而达到最佳的竞技状态。

(2)学会控制自己的认知

在篮球比赛中,运动员要学会努力控制自己的比赛认知,积极关注篮球比赛的可控因素,如提高自己的比赛能力、比赛表现,不要过多关注比赛观众和对手,要正确面对和处理裁判员的判罚,将自己的注意力集中在自己的竞技表现上。运动员可以通过进行自我谈话来对自身的运动状态和表现进行调整,通过积极的自我谈话来减少认知焦虑,提高自己的竞技表现。

此外,竞技比赛是残酷的,总有胜负和成败,篮球运动员应该理性地面对失败。在追求成功的过程中,篮球运动员要努力提高自己的各项能力,合理进行自我定位,处理好失败与成功的关系。

(3)培养自信

在篮球比赛中,自信的运动员往往会发挥出更高的运动水平,自信可以给运动员带来更好的运动表现。世界上著名的篮球运动员往往都是非常自信的。因此,应该积极通过一定的方式方法来培养运动员的自信心。

①合理进行目标设置。运动员在参加训练和比赛时,应该合理制定一定的目标,运动员通过完成所制定的目标,不断建立自己的自信心。在进行目标设置时,应该注意所设置的目标既要具有一定的挑战性,又要具有可实现性,所制定的目标应是明确的,同时要根据训练和比赛,设置一定的短期目标和长期目标。

②进行言语激励。在篮球比赛中,运动员经常会遇到各种各样的困难和挫折,在这种情况下,教练员应该积极通过言语激励来提高运动员的自信心和比赛表现。例如教练员可以通过大声的言语激励,重新唤起运

动员的比赛信心,从而提高运动员的比赛能力。

(五)不同比赛状态的心理调整方法

1. 篮球比赛前

(1)赛前不良的比赛状态

①焦虑。赛前的焦虑是指在篮球比赛开始前的一段时间内,运动员出现一定的生理失调现象,具体表现为食欲下降、呼吸不畅、心跳加速等,并伴有注意力不集中、急躁易怒、坐立不安、动作僵硬等。

②压力过大。运动员在比赛开始前,由于对自身信心的不足,以及对比赛结果的过度重视,可能会出现压力过大,从而导致运动员处于不良状态,不能发挥出正常的竞技水平。

③想赢怕输。由于自信心的不足,运动员害怕自己在比赛中发挥不好而影响比赛的胜负,害怕投篮不中和出现失误,得失心较重,但是对于克服困难的对策很少进行考虑,所以在比赛过程中表现为反应迟钝、决策不够果断等。

(2)赛前心理训练的方法

赛前心理训练的目的是让运动员为比赛做好充分的心理准备,使运动员克服心理方面的不适应性,提高运动员自我调节和控制的能力,为将要进行的比赛打下良好的心理基础。赛前心理训练从比赛的具体情境出发,针对运动员赛前的具体心理状况进行相应的心理训练。赛前心理训练要把运动员的技术、战术能力和身体素质等各方面进行有效整合,使其效用最大化。赛前心理训练的方法包括以下四种:

①充分了解双方的打法风格和战术特点,在此基础上制定具体完善的赛前心理训练实施大纲。应明确对方球队可能采用的战术及其相应的心理状态,然后针对其这方面的特点进行战术部署,并制定相应的心理训练的内容,形成一定的心理默契。如果能正确掌握其战术意图、心理倾向,就能够建立积极的心理影响,从而在比赛中处于主动的地位。

②赛前的模拟比赛,尤其是心理方面的模拟比赛训练是很重要的。

模拟比赛不仅能够在近似于比赛的环境中提高运动员的动作技术和战术水平,还能够提高运动员在比赛中的心理适应能力。在模拟比赛中,应着重训练队员对比赛形势的心理适应性,提高彼此的心理配合度和心理调节能力。在模拟比赛中,很多运动员都会暴露出相应的心理问题,应有针对性地予以纠正,并加强训练。

虽然篮球比赛是集体性比赛项目,但是关键球员能力发挥的好坏将在很大程度上决定比赛的胜负。因此,对关键球员应予以充分的心理训练。

③心理障碍有很多种,信心不足、过于紧张、过于兴奋等都对比赛不利,因此,在进行心理训练时,应针对不同的心理障碍采用专门性心理训练。

④在比赛之前,教练员应及时预见比赛的情况,并针对这一情况提出相应的心理调节手段,以期在比赛中熟练地运用。

2. 篮球比赛开始后

(1)比赛中的不良心理状态

篮球运动不仅是技术、战术、体能的竞技,同时也是智慧、谋略和心理方面的较量。在比赛中,运动员不仅会有较强的身体负荷,同时还有强大的心理方面的负荷。心理状态有多种,包括理想的、不良的、恐惧的等,下面将对一些在比赛中经常出现的消极的心理状态进行介绍。

①过于紧张和放松。比赛中过于紧张是由于运动员对比赛的胜负过于看重,从而要求过高、负担较重,在这一状态下,其对外界的干扰会比较敏感,在特定的情况下,运动员可能会失去比赛的信心。这一状况出现的主要原因是平时缺乏相应的心理训练,在赛前也准备得不充分,从而导致在比赛中过于紧张。

在盲目自信的情况下,运动员会产生过于放松的心理状态,会产生松懈的情绪,从而造成比赛的不利局面。在这种心理状态的影响下,当比赛失利或处于被动地位时,运动员则会产生急躁的心理,导致犯规和失误增多,从而造成情绪的低落和不知所措。

针对上述心理状态,教练员要及时采取预防和稳定措施,如改变策略、转换阵容等,同时,还应对运动员的心理状态予以及时纠正。

②畏惧和缺乏自信。在面对实力强劲的对手,或面对多次胜过己方的对手时,运动员会产生一定的畏惧心理,从而在心理上处于被动地位,在比赛中无法发挥自身的正常水平。这种心理状况的产生受运动员自身性格的影响,同时,平时的训练水平也会对其产生重要的影响。

畏惧心理在比赛中表现为缺乏自信心、缺乏取胜的信念,没有克服困难的积极性和主动性,在赛场上表现为斗志不高,工作也犹豫不决、缩手缩脚。另外,在这一心理状况的影响下,会使队员之间相互埋怨、互不体谅和理解,从而导致球场上行动不统一、打法上不协调,很多战术不能得到较好执行,全队实力也无法发挥出来。随着战局与比分起伏,使运动员情绪与心理承受能力失控,导致个人或整体陷入更为被动的局面,甚至出现不得不"主动"认输的情况。

(2)比赛中心理调整的方法

比赛中心理调整的方法主要包括以下五种:

①比赛中运动情绪的调节——提高或降低情绪的兴奋度,改变其情绪中的消极性质,使情绪保持相对稳定。

②比赛中排除干扰——排除外在干扰因素的影响,调整运动员专项技术、战术动作和配合。

③比赛中知觉调节——对专项的球感、节奏感和配合的时机感等进行知觉练习或表象记忆。

④比赛过程中战局恶化时的心理应急性调节——积极果断地做出决定,运用已备策略、战术等。

⑤比赛过程中身心疲劳或伤痛时的"忍阈"调节——改变运动员的注意焦点,降低其疼痛的敏感度,从而消除其对伤病的恐惧心理和情绪。

3.篮球比赛后

(1)比赛后心理调整的意义

比赛结束之后,运动员身心俱疲,在采取相应的身体恢复措施的同时,也应该积极进行心理的恢复。赛后的心理恢复不仅对运动员的心理状态能起到一定的恢复和发展作用,对之后的比赛及运动员个性的完善也都具有重要的作用。在比赛结束之后,运动员心理状态的变化相对于在比赛中会变得更加隐蔽,因此,教练员应该根据运动员在比赛中的具体表现,深入观察运动员的心理状态变化,对其不良心理倾向的行为进行及时调整。赛后心理调整的主要意义在于及时发现和消除直接影响下次比赛及运动员整个身心健康发展的不良因素。

(2)比赛后心理调整的方法

运动员比赛后的心理恢复是多方面的,其方法仍然是心理训练的基本方法。在恢复过程中,要充分结合身体、技术、战术等方面的恢复措施,进行有针对性的恢复,既要全面又要突出重点。

比赛过程中的各种运动情绪会随着比赛的结束而逐渐消失,但是,很多运动员的比赛情绪在比赛结束之后还会继续保持。如在比赛失败之后,相互推卸责任并迁怒于他人,又如因比赛的胜利而沾沾自喜、得意忘形等。这些消极情绪对运动员的发展和水平的提高都会产生不利的影响。因此,在比赛结束之后,可采用转移注意力、放松和改变认知等方法,积极调整运动员的消极心态和情绪。

在比赛过程中,运动员的形象会随赛场的形势而发生相应的变化,在胜利时容易产生自负的情绪,从而美化自己、夸大自己;在失败时会造成自我歪曲,缺乏客观、真实的自我评价。另外,在比赛中的关键时刻具有良好和突出的表现则能够使运动员形成良好的自信心和积极的心态,从而在以后的比赛中会表现出更多的积极性,完成自我形象的完美提升。赛后的形象修正在于恢复和提升自己,消除不真实的成分,清楚地认识自身的优点和缺点,并进行积极的发扬和抑制。常用的训练方法有想象演习法、想象训练法等,前者为整个自我形象的内心表演过程,后者是对形象中的个别成分进行修复训练。

随着现代竞技篮球的不断发展,篮球比赛之间的竞争不仅仅是体能、技术、战术之间的竞争,更多的是心理素质方面的竞争,因此,篮球运动员必须学会及时调整自己的心理状态,学会一定的心理训练方法,从而不断提高自己的竞技能力和运动水平。

三、篮球运动员心理能力训练的应用

(一)表象训练在投篮中的教学过程

1. 建立正确的投篮动作表象

上课时由教师讲解、示范投篮动作,并以挂图、幻灯、录像等多媒体手段帮助初学者建立正确的动作表象,在模拟和练习该技术动作的基础上,要求初学者用自己的语言描述投篮动作。

2. 建立"表象—动作"的映射关系

练习中要求初学者在大脑中再现正确的投篮动作图像,并对照自己的这一技术动作,找出差异和不足,使自己的动作逐步接近"表象",产生正确的动作定型。

3. 建立"表象—动作—思维"的训练程序

表象训练法要求初学者在训练中从实战角度建立适应自己身体特点的训练程序,融表象、动作和思维于一体。其要点如下:

连贯想象动作的全过程,力求完整、准确、细致;注意体验投篮时与这一动作相伴随的内心图像及相关的生理反应;运用思维的能动性去协调心理活动与投篮技术动作之间的关系,调动尽可能多的心理和技术能量去提高投篮成绩,即投篮命中率。

(二)罚篮的心理训练

1. 罚篮前的心理训练

(1)罚篮前的心理特点

运动员准备执行罚篮但是未做投篮动作时,其心理特点表现为:心率加快、呼吸过快及头脑清醒度下降,罚球慌乱、轻率,特别是在以罚球得分决定胜负的关键时刻更是显得心理紧张,从而导致命中率下降。

(2)罚篮前的心理训练

①运用表象放松法有目的地做"深呼—深吸",同时进行冥思训练,回忆投篮的规范动作,依靠呼吸的频率和冥思训练来使心率放慢、注意力集中,使自己的情绪稳定下来,主动调整心理状态。训练方法如抢后场篮板球,然后迅速运球至前场罚球区,要求原地拍球 3 次,再做 2 次深呼吸并冥思投篮动作,最后罚篮等。

②在运动员罚篮时,教练采用诱导训练法提醒运动员依次放松身体的各个肌肉群,同时增强呼吸,使全身肌肉放松。

2.罚篮时的心理训练

(1)罚篮时期的心理特点

运动员从罚篮的准备姿势到球出手期间,兴奋性和积极主动性受到抑制,出现精神不集中、懈怠、紧张、焦虑甚至恐惧的现象。

(2)罚篮时的心理训练

①运动员采用自我暗示放松法来增强自身情绪的稳定性,在罚篮时边默念动作要领转移紧张情绪边做动作,便于动作形成习惯化——动力定型,即在默念"抬大臂,展小臂,手指手腕齐用力"的同时肌肉随之活动,或默念"我一定能罚中""要沉着""不要慌""我能行"等短语,充满信心进行罚球。

②在运动员进行罚球时,其他队员站在底线处,手持信号旗进行干扰,同时用功率较大的录音机播放嘈杂的声音,或者通过其他队员的喊叫进行语音干扰,借以提高运动员对环境的适应能力,为参赛做好心理准备。

3.罚篮后的心理训练

运动员在完成第一次罚篮到准备第二次罚篮期间,由于没有将球投进,往往会产生自责感,心理压力大,导致情绪下降,或者他们无法以"平常心"对待失误,自信心不足,最后导致失误。运动员往往会因为前一球的罚中与否而产生心理波动。在训练中,运动员可以在罚完一个球后闭上眼,采用念动训练法回想上一个罚篮的动作,思索刚才动作的不足,提醒自己去克服。在训练中,教练员要注意培养运动员自我激励的能力,使其调整身心为第二次罚篮做好准备。

(三)防守的心理技能训练

1. 个人防守的心理训练

(1)表象训练

运用表象训练能更好地预测对手突破或投篮时可能要做出的动作。我们可以先了解对手的习惯动作,如防守的对手常在投篮之前做假动作,可以表象自己不被假动作所蒙骗,举起手以阻止他投篮的过程。如果不是很了解防守的队员,仍可用表象来训练一对一防守所必需的步法和手上动作,还可通过表象破坏对手移动的节奏。比如防守一名左撇子投手,他可能用肩膀向左做假动作,然后从右边过人急停跳投,可以表象自己不被假动作所蒙骗,注意右路的防守,在他投篮时跳起把手放在他的面前。这至少将帮助你进入正确的心理框架,为成功防守做好准备。

(2)自我暗示

教练员应帮助运动员选定适当的提示语,在进行防守的身体或心理训练时,可默念这些提示语。例如在比赛或训练中由于几次抢断失败而信心不足时,运动员可默念"准确出击"使自己集中注意力。这一心理技能可以帮助运动员把注意力集中在适当的地方,防守时不会产生消极情绪。教练员须不断提醒运动员进行这方面的练习。

(3)注意力自我训练

运动员在防守方面要想成为"防守专家",首先,要在短时间内把注意力集中在一个目标上,这是注意力自我训练的目的。运动员要想实现这个目的,就必须充分发挥注意力的作用,把当时活动所必需的心理过程有序地组织起来,以使注意的对象有目的地转移。其次,心理上的关键是在防守时能将注意力集中在适当的范围内。注意力集中的准则是"狭窄外部集中"。

2.集体防守的心理训练

(1)表象训练

许多球员都想过在比赛最后的关键时刻,自己球队以强悍的防守赢得比赛的情景。表象是练习这种场景最有效的方法。从心理上练习防守时的移动、站位等,有助于提高球员协助队友进行全队防守所需的技术水平。全队防守意味着场上的每名队员都必须积极参与,一旦了解全队的防守计划后,球员就必要要积极主动地练习防守技战术,并在头脑中反复强化自己的防守职责。例如可以表象球正在场上移动,你"看见"自己移动到正确的位置,接着抢断了一个传球,随后加速运球、上篮得分,进球后你感到很兴奋,并迅速回到防守位置。运用表象可练习在多种情况下的防守,只需在脑子里反复"播放录像"就可以了。

(2)自我暗示训练

积极地自我暗示对增强自信心、消除紧张情绪都是非常有效的。通常采用的暗示套语有"我能控制自己的情绪,对方比我还紧张,主动权在我手里""观众在为我加油,他们期待我打得更好""放松稳住,胜利属于我们"等。

(3)注意力训练

在防守训练或比赛时,把注意力集中在与比赛有关且有利于全队防守的事情上是很重要的。集中注意力在对手和球上,能使运动员更好地预测对方的移动并做出适当的反应。在进行全队防守练习时,使用提示语是维持注意力集中的关键点。心理技能训练对培养篮球运动员在训练和比赛中防守能力的稳定性有着重要意义。具体的训练方法很多,如秒表练习。

(4)意志品质训练

篮球运动员的意志品质具体表现为以情感为动力,用智力来判断,有意识地对自己的行动进行自我调节和控制的心理过程。根据篮球运动防守的特点和训练、比赛的实际需要,篮球运动员的意志品质应具备实现训练、比赛既定目标的坚定性,执行训练、比赛任务的自觉性,完成训练、比赛任务的主动性,比赛中激烈对抗的顽强性,以及比赛中瞬间完成抢断动作的果敢性等。

第三节　篮球智能训练的理论与方法

一、运动智能简述

(一)运动智能的定义

运动智能是指人在运动方面的特殊智能,是指人在运动方面的实际操作技能、运动行为能力,从竞技体育方面来看,其也是运动员异于常人的特殊智能。

(二)运动智能的组成

对于篮球运动员来说,运动智能主要包括运动员对篮球运动文化、规则的认识,对篮球技战术的掌握,以及对篮球比赛等相关问题的理解等。

(三)篮球运动员智能训练的意义

对于参加篮球比赛的运动员来说,通过进行篮球智能训练,可以提高其比赛能力和竞技水平,具体来说,主要包括以下六个方面:

(1)准确理解教练员的战术意图;
(2)高质量完成篮球比赛训练的任务;
(3)熟练掌握篮球的各项技能;
(4)提高运动员的临场应变能力;
(5)提高运动员的场上决策能力;
(6)提高运动员的综合竞技能力。

二、篮球运动员智能训练的方法

(一)重视篮球教练的心理建设

在篮球专项智能培育中,对篮球教练的要求,首先是要有威信。威信实质上反映了教练和篮球运动员之间良好的关系,它是篮球运动员取得成绩的先决条件;篮球教练威信的取得是很不容易的,因为它是运动员对教练能力和品性的一种信任,取信于人从来都不是一件简单的事情。在一个新老交替的队伍里,有一条捷径,就是老队员的服从和信赖,它会很快让新队员意识到这个教练的权威性。教练的存在可以化解队长的一些尴尬,如队长换自己上场或者下场会有一个公信力和客观性的问题,容易产生矛盾。斯蒂芬·杰克逊回忆他年轻时候刚刚到马刺队训练,因为失误被波波维奇劈头盖脸一顿臭骂,心里很不痛快;过了一会他看见邓肯也被训斥得狗血淋头,而邓肯一言不发默默接受。他立刻就意识到,优秀球员邓肯都乖乖听话,自己最好还是老实服从。当然,什么都比不上赢球。带队获胜是提高威信最直接、有效的方式,尤其是队员按照你的要求做了以后,获胜是最好的证明。同时在篮球运动中,优秀的教练会给球队增添很多额外的信心,并且指导他们在逆境中寻找好的解决办法,从而争取获胜的机会。

(二)重视篮球运动员的心理建设

对运动员施加影响有很多方式,最重要的是你要充分明确地表达出你对每个运动员的期望。罗森塔尔效应会让运动员或多或少地按照教练期望的方向去发展自己,期待是一种很强大的力量。在不同的阶段,教练会有不同的关注点,一开始会格外在意结果及自己的威信,之后会专注于训练、比赛的过程和内容,到了最后,就会关注每个运动员、在意每个人,因为人本身才是这项运动最核心的部分。首先,篮球教练要注意控制和调整运动员的心态,尤其是求胜欲望,欲望或者说动机并不是越高越好,太高了会紧张或者过度兴奋,影响动作的自然流畅和时机选择,太低了又会缺乏活力。按照"耶克斯—多德森定律",中等强度的动机最有利于目标的完成。运动员都是有自己个性的,内心都有一个很大的自我,渴望表现自己以得到关注,在这种情况下团队建设非常重要,不然队员之间很容易出现矛盾,影响比赛目标的实现。其次,篮球教练要向队员强调最终的目标是什么,"我们的征途是星辰大海",不要为了眼前一两个球、1~2分钟的上场时间斤斤计较。如果最终目标实现了,大家都会很开心和光荣;而失败就是全队一起失败,谁多打了一会或者得了几分根本不可能感到真正的快乐。最后,篮球教练要帮助球队形成稳定的心态,面对任何对手,遇到任何处境都能平稳地发挥,不要有明显的波动。这要求教练自己要平稳,如果遇到弱队,教练自己不能表现出放松的状态,否则队员会更加放松,很有可能"阴沟里翻船"。强弱差别虽然存在,但是比赛却是没有剧本的,只有正常发挥击败对手,这个强弱才真的落实,否则只是一个虚幻的印象而已。而碰到紧急局面,教练自己不能有任何慌乱,要相信自己和队员的能力,无论怎样都还有机会,然后把这种信心传递给队员。

(三)要加强对篮球运动员的技术、战术训练

心理建设最终也是为了比赛的顺利进行,其中训练将改变球队的实力,而实力是一切的基础。如果没有过硬的技术,精神都是空谈。一旦离开体能和技术的基础,无论多么想赢,也无能为力。实际上,参加比赛的所有人都想赢,都会尽力拼搏。有的队伍容易让人产生"他们怎么不拼"的观感,其实并不是意愿上的问题,而是能力问题。具体怎么准备是一个其实很简单,但被很多人搞复杂了的问题。在学校里经常会出现有些一知半解的教练让队员练一些很"高级"的东西,但其实并不能解决什么问题。要理解篮球比赛的本质就是一个让自己比对手得分多的游戏,那么,在寻求获胜途径的时候,就要从这个结果倒推。于是进攻和防守就变成两件很明确的事情:你自己有把握的得分手段是什么;对手的又是什么。同时要加强一些防守和体能的训练,尽量能够在对抗中获得优势,不要打哪算哪,过于随便;也不要过分追求战术设计,弄得太麻烦,反而影响自己的发挥。

(四)要重视提高教练的临场调整能力

虽然能在训练和准备中尽可能减少不可控因素,让球队获得一种稳定性,但是到了比赛场上总会有一些意想不到的事情发生。这就需要教练临场做出及时准确的调整。以某市师范学院和工学院的某场篮球赛为例,上半场场面控制很好,领先7分。但由于队员比较疲劳,加上比赛形

势不错,所以在这种情势下,教练在第三节开局一次性换了 4 名队员,结果局面急转直下,比分很快就被扳平。这时候教练再把人换回来已经很难控制对手,下半场一度非常被动,最后追分功亏一篑,以 2 分之差惜败。

由此可知,暂停要及时,而且有时候要善于运用情绪来改变比赛的气氛。有些时候自己的球队可能会陷入一种被抑制的状态,而对手会越打越顺;当发现这个趋势时,一定要及时打断。如果队员情绪已经比较低,那么适当发火或者表现一些愤怒,有可能会刷新双方运动员的心理状态。自己的队员可能会被激活,而对手也可能会意识到这一点然后被影响。暂停的时候如果不是具体布置某一个进攻(防守)的战术,那么交代任务要简洁,最好就强调一件事。因为队员在比赛状态当中,说太多队员其实根本听不进去也执行不了,所以一定要简单,多打打气比多布置任务要有效。

换人有两种情况:一种是需要让累了的队员休息,这种比较直接;另一种是需要改变场上的一些东西。首先,需要一些有能力、有特点的替补队员,他们可以胜任教练的需要;其次,要在派他们上场的时候给他们信心,在交代任务的时候要简单明了,因为替补队员找节奏很不容易,如果任务复杂了很可能什么都做不好。当遇到裁判员的判罚出现一些对自己球队不利的情况,要冷静,不要影响队员的比赛情绪和节奏。在一些死球的时机,可以适当冷静地和裁判交流一下。其实该是你赢的比赛,只要球队自己不出问题,裁判员的判罚也影响不了比赛结果。但是如果球队情绪出了问题,那么一两个判罚可能影响很多个回合,那也许真的赢不了。

第五章 校园篮球课程常规教学方法的改革与应用

篮球课程教学中,教学方法占据了至关重要的位置。只有当我们采用恰当的教学策略,篮球课程的教学才能流畅进行,从而提升课堂的教学效果和效率,并确保"健康为先"和"终身体育"的核心理念得到真正的实践。随着体育教学改革的持续推进,体育教学实践中陆续涌现出多种创新的教学方法,包括自主学习法、探究学习法和合作学习法等。然而,由于对新体育教学方法的认识不足,这些方法在具体的体育项目教学中并没有得到有效的执行,这在很大程度上限制了篮球课程的教学效果。在当前的创新教育环境中,如何创新体育教学手段,并确保这些方法得到充分的应用和高效的执行,成为体育教育者必须深入探讨的核心问题。这一章节集中探讨了在创新教育环境中,校园篮球课程的教学方法如何进行改革和应用,涵盖了当前校园篮球教学方法的状况和改革方向;以微课教学法、体验式学习法、学导式教学方法在篮球教学中的应用,以及篮球课程教学方法的组合应用为例展开深入探讨。

第一节 校园篮球课程教学方法的现状与改革思路

一、校园篮球课程教学方法的现状

(一)没有突出篮球运动的特征

体育教学方法的种类繁多,具有多种功能和价值的体育教学方法在不同的体育项目教学中都具有重要的参考价值,因此,在篮球教学中适当地应用体育教学方法也能取得良好的教学效果。

第一,篮球的常见教学方式,也就是体育教学方法体系,涵盖了体育教学方法和体育学习方法两大部分。体育教学方法的结构涵盖了教授体育知识和技巧的方式、增强体能的策略、思想道德教育及个性发展的策略。体育教学方法体系涵盖了个人的学习方式,其包括:自学法、自练法和自评法等多种方法;小组学习法包括:分层学习法、分组学习法和分群体学习法等;学习知识和技能的策略包括:模仿性的学习方式、抽象和概括的学习策略等;合作学习策略包括:学习分析方法、分享学习成果的方法及合作探索学习方法等。

第二,体育教学方法体系不仅涵盖了体育健康知识和运动技术理论的教学方法体系,还包括了运动技术的教学方法体系、促进学生体能发展的教学方法体系、激励和评估运动参与方式的教学方法体系,以及培养学生心理能力(包括社会适应能力)的教学方法体系。具体来讲包括以下五个方面:

一是体育健康知识和运动技术理论教学方法体系,包括:讲解法、谈话法、问答法、讨论法、比较法、归纳法等。

二是运动技术教学方法体系,包括:其一,泛化阶段教学法:情境质疑法、启发法、发现法、直观法、示范法、多媒体法、模拟法、辅助练习法、暗示法、比较法、分解法、预防错误动作法等;其二,提高阶段教学法:纠正错误法、部分完整练习法等;其三,技能巩固阶段教学法:重复练习法、变换条件法、完整练习法、自练法、过渡练习法、强化法、比赛法、循环练习法等。

三是发展学生体能方法体系,包括负重法、持续法、间歇法、游戏法、综合法、比赛法。

四是激励与评价运动参与方法体系,包括:其一,激励法:①兴趣激励法:成功教学法、愉快教学法、需要满足法、教学引趣法等;②动机激励法:目标设置法、创新情境法、积极反馈法、归因教育法、价值寻求法等。其二,教育法:说服法、鼓励法、榜样法、评比法、表扬法、批评法等。其三,评价法:积极评价法、鼓励评价法、对比评价法、信息反馈法、自我评价法等。

五是发展学生心理方法体系(包括社会适应能力),包括个别与集体指导法、个性培养法、自学法、自练法、差别教学法、分组轮换法、合作学习法、分层教学法等。

然而,在目前的篮球课程教学中,体育教学方法的应用显得相当盲目,没有根据篮球运动的特性进行严格的筛选和有针对性的教学,这直接影响了篮球教学目标的实现。

(二)学生的主动性不强

在目前的篮球课程教学中,教师常常进行讲解和示范,而学生则是被动地听讲和观察,这种教学方式过于刻板和形式化,容易对教学效果产生不利影响。目前,由于班级内学生数量众多,每位学生都有其独特的长处和短板,这导致学生之间的差异很大。这种差异主要体现在篮球的基础知识、身体条件和学习需求等方面。由于每堂课的教学时间受限,教师很难全面照顾每一个学生。而且,在课程结束时,也不可能确保所有学生都能完全掌握所教授的内容。如果这种情况持续下去,那些基础薄弱的学生可能会失去学习的信心,而那些基础较好的学生也可能因为更高层次的需求得不到满足,从而失去对篮球课程的兴趣,这都会对篮球课的教学产生不利影响。

(三)过分重视技术教学,对学生的身心发展不够关注

教育的核心目标是促进人们在身体、知识、道德和艺术等多个领域的全面发展,以实现个体与社会之间的和谐共生。然而,从目前的学校篮球教育状况来看,重点主要集中在篮球技能的教授上,而篮球的评估主要集中在技能的考核上,很少有关于学生身心成长的课堂教学和评价。

在指导学校篮球教学的实践中,"体质加技能"的理论基础始终占据核心地位。篮球教学的主要目标是教授基础技巧、培育学生的运动能力和提高他们的竞技表现。但遗憾的是,校园篮球教学在娱乐性和普及性上的特点,以及篮球的教育意义,并没有得到应有的重视,也没有为学生的身心成长提供足够的关心。篮球作为一项集体运动,常常伴随着激烈的竞争。只有当团队成员之间相互协作时,才可能取得胜利。但在篮球教学中,这一特性并没有得到足够的重视,这也导致了学生对篮球技巧的

误解。

（四）教学方法单一,学生缺乏独立思考的能力

在学校篮球课程的教学过程中,篮球单一技能的教授占据了篮球课堂的大多数时间,这导致学生只能机械地掌握篮球的基本技能,但却未能培养出篮球的整体意识。在学校的篮球教学过程中,教师往往倾向于使用单调和过时的传统教学方式,过分强调直观性、循序渐进和巩固性的教学原则,导致学生在课堂上的学习态度呈现出被动和消极的特点。经历了一段时间的学习后,学生对教师的单调教学方式已经变得习以为常,甚至变得麻木,这导致他们的学习积极性降低;再加上教师和学生之间的交流和沟通不足,这使得学生失去了对学习的热情和兴趣。随着素质教育逐渐普及和深化,以及创新教育观念的广泛传播,篮球课堂上的单一教学方法开始受到质疑,迫切需要进行改革。

二、校园篮球课程教学方法改革的思路

（一）树立"全人教育"理念

"以人为中心"的教育理念是教育的核心宗旨,而人的全方位成长则是教育的中心追求,这也是全人教育理念的主导思想。全人教育的核心理念并不是把人塑造成只会工作和提供服务的简单机器,而是强调人与自我、人与自然及人与社会之间的和谐共生和共同发展。全人教育的核心理念始终强调人的身体与内心的和谐统一,这一理念也突出了体育发展应以人为中心,并与社会进步保持和谐关系。

在篮球教学过程中,建立全人教育观念的主要目的是,在进行篮球技能教育的同时,也要充分重视学生在心理、身体等方面的需求。

（二）在教学方法上体现因材施教的原则

在校园篮球课程的教学过程中,篮球教师在选择教学方法时,应根据不同篮球技术的特性来进行,不能对所有的教学内容都使用一种固定不变的教学方法,否则会对学生的学习积极性和兴趣产生负面影响。例如

在篮球教学中,教授防守步法时,不应仅仅局限在基础步法的基础动作或对步法细节的深入分析上。为了提升教学效果,教师可以组织简单的二攻一比赛,引导篮下防守队员去探索最佳的防守姿态,并指导他们如何合理地移动,并在之后深入讲解各种技术细节。这样,学生可以在实际操作中通过对步法的深入分析更好地掌握防守步法。

(三)在篮球课上引入翻转课堂

在最近的几年中,体育教育领域出现了众多创新的教学方法,其中,线上课程的创新模式——翻转课堂便是一个典型例子。翻转课堂是一种特殊的教学模式,学生可以在网络教学平台上独立观看教学视频,随后由教师引导他们在课堂上进行自我讲解,并组织学生间的相互讨论,以进一步巩固他们所学到的技术知识。在篮球课堂的教学过程中采纳翻转课堂的教学策略,这不仅展现了篮球教学的个性化和人性化特点,还成功地将人文关怀与实用工具相结合,从而更好地实现了"健康为先"的教学理念。

翻转课堂的教学方法在篮球教育的多个领域都有应用潜力。例如在篮球持球突破技术方面,首先,可以让学生通过网络资源进行自主学习,即通过观看校园网络教学平台上的相关视频,然后在课堂上设计简单的比赛,指导学生完成比赛。同时,教师可以提出相关问题,激发学生的思考,将学生分为不同的小组,并鼓励小组成员之间的交流和讨论。其次,学生将对持球突破技术的关键动作进行详细的解释和展示,而其他学生则会提出自己的观点或思考。再次,教师会将学生讨论过的各种信息整合在一起,以便对持球突破动作的各个具体细节进行深入讲解。这一教学策略的执行流程可以总结为学生进行独立学习,学生进行独立的思考,然后进行小组探讨式的学习,最后由教师进行补充和解释。采用这种方法可以帮助学生全面掌握篮球的技术细节,加强他们的团队合作意识和能力,同时也能激发他们的学习热情和积极性,从而提高整体的教学效果。

第二节　微课教学法在篮球教学中的应用

伴随着科技的持续进步,我们的社会已经步入了一个信息化的纪元,这导致了教师的授课方式发生了巨大的转变,教学环境也经历了深刻的变革。为了增强学生对篮球的学习热情,教师可以采用丰富的视频材料、吸引人的图片、生动的音频和独特的教学方法。微课在篮球教学中的应用为传统的教学方法注入了新的活力,它在篮球的课堂教学中发挥了至关重要的作用,从而提高了教学效率。

一、微课的概念与特点

(一)微课的定义

"微课"是根据课程标准的规定和课堂教学的实际需求,利用视频作为主要的教学工具,来记录教师在课堂上的精彩授课或部分的教学活动[1]。微课包含传统型的教学方式和辅助性的教学资源,见表5-1。

表5-1　微课的结构

	主要因素
传统型教学方式	视频片段
	教学内容
	教学课件
	教学作业等
辅助性教学资源	教后反思
	教师点评等

学生可以通过在线微课的方式提前了解所学内容,并有针对性地进行预习及对所学内容的总结。篮球老师通过科学地设计和制作微课,能够为学生带来全新的学习感受。在篮球课程的教学过程中,采用微课的教学方法可以引导学生进入特定的教学环境,让他们在这些环境中掌握篮球的相关知识和技巧。这一教学策略在激发学生学习热情和提升篮球

---

[1]　陈进然.微课在高中篮球教学中的应用研究[J].体育世界(学术版),2018(11):135.

课堂教学效果方面起到了积极的作用。

(二)微课的特点

微课具有以下四个显著的特点：

1.教学时间短

微课教学法是一种通过视频形式将学习内容传达给学生的教学方法，通常持续时间为6～10分钟。这种方式使得学生能够更加专注于观看和学习的内容。与传统的体育课(课时45分钟)相比，微课提供了更短的时间，允许学生多次观看，从而使课堂组织更为便捷和灵活。

2.资源容量较小

微课主要采用的是流媒体的格式，并且时长较短，因此，其所占资源的容量相对较小，无论是教师还是学生，在电脑、手机等设备上都能轻松观看。这种移动的教学模式也为教师与学生之间的互动创造了便利条件。

3.教学内容精简

微课以其简洁和精炼的教学内容为特点，当应用于篮球教学时，学生可以集中精力学习篮球技术的关键和难点。与传统的篮球课堂教学方法相比，这一教学模式更有助于学生准确把握教学主题。

4.利于师生互动

微课作为一种教学模式，为教师和学生之间的互动创造了便利条件。教师和学生可以通过手机或电脑进行即时的信息交流，从而实现更为灵活和便捷的沟通。教师能够及时收到学生的反馈，并据此对微课课件进行有针对性的设计和调整，进一步提高篮球课堂的教学效率。

二、微课在篮球教学中的应用研究

目前，在我国的篮球教育体系中，存在着教学目标模糊和教学方法过于单一的问题。此外，教师过于强调让学生在课堂内外进行反复的练习，这不可避免地会激发学生的消极情绪。将微课的教学方法融入篮球的教学过程中,能够在某种程度上优化篮球的教学状况,从而提升教学的整体品质。

(一)合理选择教学课件

经过实际操作发现,课堂教学的效率和质量与教师在课前的充分准备工作之间存在着紧密的联系。在准备微课的过程中,教师需要以学生为中心来进行工作设计,并在具体操作中考虑以下三个关键问题:

第一,学生感兴趣的篮球运动员。

第二,学生实际的篮球水平和适宜的篮球练习方式。

第三,篮球课堂教学中的实训环节的安排。

在篮球教育过程中,学生群体具有各自独特的特质,其中一些学生的篮球基础可能相对薄弱,甚至可能是第一次与篮球进行正式的互动,因此,他们对篮球缺乏系统性的认识。针对这些学生,教师需要提供系统性的指导,帮助他们逐步加深对篮球的了解和熟悉,并培养他们对篮球的热爱。为了激发学生对篮球这项运动的热情,教师可以整合篮球明星精彩灌篮的视频集锦,让学生在观看这些集锦的过程中对篮球运动产生强烈的兴趣,同时也能体验到篮球运动的乐趣,并激发他们对学习和参与这项运动的热情。当教师向学生解释篮球中某项技术的关键动作时,他们可以将这些示范动作转化为视频,并在课堂上播放。这样,学生可以在多次观看的过程中对这些技术要点会有更深入的认识,并进行模拟练习,从而真正掌握这些关键动作。综合来看,选择合适的篮球教学课件可以有效地激发学生的学习热情,提高他们的学习效果和提升整体的学习品质。

(二)合理安排课堂时间

在中小学的篮球课程中,通常每一节课的时长为45分钟,并且每周的篮球课时相对较少,大多数情况下是每周安排一节。为了在有限的课堂时间内完成教学任务并实现教学目标,教师需要对课堂时间进行合理的安排,以提高每节课的教学效率。

在篮球运动中,许多动作和姿势都是技术性的,因此,基础较弱的学生很难在有限的课堂时间里完全掌握所有技术动作的要点。因此,学生在学习前的预习和独立学习显得尤为关键。教师可以提前为学生提供必要的教学资料,学生可以根据这些资料进行自我学习,并自行查找其他相关信息,从而对即将学到的内容有更深入的了解,明确下一堂课的重点内容,这样在授课时他们可以更好地跟随教师的步伐,迅速掌握篮球的相关知识和技巧,从而提高学习的效果。

除此之外,教师有责任将微课视频及时分享给学生,合理安排学习内容,并与学生进行实时的互动和交流,以探讨教学过程中可能遇到的问题,及时掌握学生的学习状况,协助他们解决实际遇到的问题,从而提升学习质量。

(三)合理设计教学环节

当我们尝试将微课的教学方法应用于篮球教学时,必须对每一个教学环节进行合理的安排,这样才能确保学生在学习过程中取得更为显著的进步和成果。

首先,对于学生的课前预习,教师要做好引导。在传统的篮球教育模式中,教师主要在课堂上教授篮球相关的知识和动作,并展示这些动作和技巧,而学生的自主练习时间相对较短,真正的实战经验也很少,但微课的教学方法可以有效地解决这一问题。

其次,教师要鼓励和引导学生亲自参与形式丰富的篮球活动。教师可以为那些练习积极、动作标准和姿势规范的学生录制视频,并在课堂上播放这些视频,以此来表扬这些学生,并指导其他学生向这些学生学习,确保每位学生都能取得进步和收获。

(四)简化篮球动作

在篮球的教育过程中,学生需要熟练地掌握基础的篮球技能和技术动作,这是篮球教育的核心目标。然而,从学生的篮球基本知识和实际技能来看,这方面的教学标准相对较高,对于学生来说存在一定的挑战。在篮球运动中,存在许多既灵活又富有技巧的篮球动作,如三步上篮和后仰三分等。在对这些动作的教学过程中,学生很难按照规定的方式完成,特别是对那些复杂的动作技巧,更是难以掌握。在这一阶段,教师开始将微课教学法融入课堂教学中,逐步解析篮球运动中的复杂动作,并将每一步的动作简略地录制成视频。这样,复杂的动作就可以被视为一系列基础动作的集合,而这些基础动作对于学生来说,是相对容易学习和掌握的。通过简化篮球的动作,学生可以更直观地掌握动作的关键点,并在持续的练习中逐步掌握,这将有助于提高学生的学习自信。

(五)角色的适当转变

课程目标强调在教学过程中应"以学生为中心",而微课的教学方式相较于传统方法更能反映这一核心理念。微课的教学理念强调让学生成为课堂的中心,确保学生能够牢固地掌握课堂的主导权,从而增强学生在课堂中的参与度,让他们在课堂中成为充满活力的参与者。在篮球微课的教学过程中,教师的角色不应仅仅局限于传授篮球的基础知识和技巧。相反,他们应该在教授知识的同时,也为学生提供高质量的微课资源,并鼓励他们进行自主的练习和实践。除此之外,教师要迅速收集学生的意见和反馈,对所教授的内容进行优化和完善,挑选那些能够引起学生兴趣的教学材料,从而激发他们的学习热情,使他们更加主动地投入篮球的学习和练习中,持续掌握篮球的相关知识和技能,以实现预定的教学目标。

简言之,微课采用视频作为主要的教学工具,它以其短暂的教学时长、简洁的教学内容、有限的资源容量和便于教师与学生之间的互动为特色,是一种创新的教学策略。当我们将这种方法应用于篮球教学时,必须重视教学课件的合理选择、角色的适当转变及课堂时间和教学环节的合理布局。同时,还需要充分利用网络化教学平台,以吸引学生的参与,提高篮球教学的质量,从而促进学生的身心健康发展和篮球运动水平的提升。

第三节 体验式学习法在篮球教学中的应用

体验式学习法是一种教学方法,其中教师通过深入了解和掌握学生的认知模式,创造合适的教学环境,并采用适当的方式来展示和教授教学内容,从而使学生能够通过实际体验来掌握这些教学内容,进而形成一种知识体验式的学习方式[1]。在篮球的教学过程中,采纳体验式的学习方法可以有效地提升篮球教学的效果和品质。

一、体验式学习法在篮球教学中运用的必要性分析

(一)激发学生的学习热情

体验式学习法与传统的篮球教学方法有所不同。传统的篮球教学方法往往忽视了对学生实践技能的培养,而体验式学习法则更加重视学生的实践技能,这体现了篮球教学正逐渐回归到以学生为中心的教学模式。在篮球的学习过程中,学生更倾向实践技能的学习,而对理论知识的学习并不那么热衷,这种体验式学习法与学生热衷于参与篮球实际练习的需求是一致的。在篮球的教学过程中,采用体验式学习法可以有效地激发学生的学习热情,使他们对篮球产生更浓厚的兴趣,并更加主动地参与实际的练习。因此,篮球教育者应当科学地采用体验式学习法,最大化地利用这种方法的优点和其在篮球实践中的主导地位,鼓励学生深入参与篮球的学习和练习,让他们对篮球的吸引力有更深入的理解和感受。

(二)培养学生的体育意识

随着大众对健康的认知逐渐加深,对体育的重视也在持续上升,体育的核心价值已经在社会的每一个角落得到了广泛的传递。随着时间的推移,大众对体育教学的期望也日益提高。除了要有效地完成体育教学任务,还需在教学过程中培育学生的体育精神,使他们对体育的吸引力和体育文化的深层含义有深入的认识。为了满足这些教学要求,我们需要在篮球课堂教学中融入体验式学习法,以激发学生对篮球实践的热情。在教师的引导下,学生可以通过持续的亲身体验来逐渐增强他们的体育意

---

[1] 张乐为."体验式学习"方法在高校篮球教学的实验探讨[J].江西电力职业技术学院学报,2018(5):28.

识,并显著提升他们的综合素质。

在体验式学习的教学模式中,教师要有能力设计各种篮球比赛,这样才可以让学生在实际比赛中深刻体验到篮球运动的拼搏和魅力,同时也能让学生认识到团队合作的重要性,并对篮球体育的核心精神有更深入的了解。

(三)改善篮球教学效果

在篮球的教学过程中,采用体验式学习法可以充分激发学生的主观能动性,使他们在实际操作中得到深入的体验,从而帮助学生建立一个更加完整的知识结构,并进一步提高篮球教学的效果。

在进行篮球的教学活动时,教师需要解释相关的知识点和展示篮球的动作,学生还应在教师的引导下深入实践和亲身感受。在参与各类篮球实践活动的过程中,学生不仅能不断地感受到篮球的吸引力,而且其所掌握的各种知识和技能也会逐渐得到提高。在这种亲身体验的过程中,学生能够及时识别出自己的学习难题,并对这些难题进行深入的分析和积极的解决,从而不断提升自己的学习质量和综合素质。

二、体验式学习法在篮球教学中的具体应用与实施方法

(一)合理创设教学情境

在采用体验式学习策略时,我们必须高度重视学生的中心角色,激励他们积极地融入课堂教学,亲自体验教学的每一个环节,这样才能真正实现体验式学习法的潜能。此外,为了更好地利用体验式学习法,我们需要适当地改变师生之间的角色,构建合适的教学环境,并加强学生的主体意识。合理创设教学情境须注意以下三点。

首先,在体验式学习模式下,教师会指导学生自行安排学习内容,并指导他们进行热身活动。如果学生在篮球动作方面有较好的掌握,教师会向全体学生展示这些活动,以促进学生之间的相互交流和沟通,从而使基础薄弱的学生更有可能取得明显的进步。

其次,我们鼓励学生采用创新的学习和练习方式,以培养他们的组织

才能,并激发他们参与各类体验活动的热情。

最后,在教学活动中,教师应在适当的时间提出与教学内容相关的问题,激发学生思考,让他们通过实际体验找到问题的解答,从而增强学生的学习自信。

(二)不断完善教学方法

篮球教学具有很强的实践性,其教学场地和教学条件都具有一定的开放性。在这样开放的学习环境中,学生的学习情绪和热情很容易被激发,但同时也可能导致学生心理上的紧张。因此,篮球教师在教学活动中应当最大限度地发挥他们的专业能力,对学生的学习和体验提供积极的引导和建议,同时也要注重教学方法的持续改进和完善。

首先,在篮球的课堂教学过程中,我们需要合理地规划教学场所,提升教学设备的品质,构建平等且和谐的师生关系,并为学生创造一个轻松愉快的学习环境。

其次,篮球教师在教学活动中应加强与学生的互动交流,以便及时了解和掌握学生的学习状况和所遇到的各种问题,并努力提高学生对学习的热情和参与度。在进行篮球动作示范的过程中,教师需要严格遵循动作规范和姿势标准,并在学生的自主练习中持续强调动作的核心要点。教师通过细致的观察,能够对学生的练习进度有一定的把握,并对学生在练习过程中出现的问题进行及时的纠正,以促进学生的学习进步和技术水平的提升。

(三)培养学生的自我意识

在篮球教学中,培育学生的自我认知是至关重要的一环。体验式学习方法不仅能够激发和加强学生对体育运动的认识,还能丰富他们的实践经验。这样,学生可以更深入地理解篮球运动和相关教学内容,并在学习过程中主动地反思和总结自己的学习状况,同时也能与他人分享经验,以解决自身的学习难题。

(四)关注学生的情感体验

在篮球的教学过程中,实施体验式学习法不仅可以锻炼学生的身体素质,还可以培养他们的智力,丰富他们的情感,从而提高他们的综合素质。通过持续的实践和体验学习,学生对篮球这项运动的吸引力有了更深入的认识,培养出了深厚的情感,这将有助于学生建立长期的篮球参与意识。

第四节　学导式教学法在篮球教学中的应用

作为一种创新的教学策略,最近几年学导式教学法在教育领域得到了广泛的研究和应用,特别是在体育和其他相关学科中。这种教学策略在体育教育中的重要性在于激发学生的智慧,深入挖掘他们的学习潜质,从而提高学生对体育学习的热情,并优化体育教学的效率。

一、学导式教学法的优势

(一)发掘学生的能动性

在篮球的教学过程中,采用学导式教学法是至关重要的。我们应该把学生当作课堂的中心,尊重他们的主体性,深入挖掘他们的潜能,增强他们的学习积极性和主动性,并培养他们分析和解决问题的能力。这种能力对他们未来的学习、工作和生活都是有益的。采用学导式教学方法不仅能激发学生的学习热情和动力,还能有效地提高篮球教学的整体质量。

(二)面向所有学生

在传统的篮球教育模式中,教师主要为大多数学生提供指导,而没有将全部注意力集中在每一个学生身上,也没有对他们进行全面的指导。这种情况往往会导致一些学生由于缺乏足够的关注和指导,从而失去对篮球课程的热情和自信。当我们将学导式教学法融入篮球教学时,教师不仅可以协助学生解决学习过程中遇到的难题并及时纠正错误,而且在此过程中,教师还会持续地改进和创新传统教学方法,针对学生的篮球基础进行有针对性的指导,确保每位学生都能得到真正的成长和发展。例如对于那些基础扎实的学生,教师应该适度提高对他们的要求,并为他们分配一些相对困难的学习任务;对于那些基础知识相对薄弱的学生,教师应该提供更多的指导,为他们创造更好的学习环境,助力他们实现学习目标,并增强他们的学习自信。学导式教学法在协助落后学生实现自主和创新学习的过程中,起到了至关重要的作用。这也是它在多个学科教育中受到高度关注的一个关键因素。

(三)促进学生全面发展

篮球的教学大多在户外进行,这是一个相对独特的教学环境。在这样的环境中,采用学导式教学法可以有效地激发学生的学习热情,增强他们的学习兴趣和感悟能力。此外,这种方法还能培养学生的坚定意志和不屈不挠的精神,使他们在学习或生活中,即便面对各种挑战,也能积极地克服心理障碍,勇敢面对并克服。采用学导式教学法不仅能促进学生间的相互讨论和互帮互助,还有助于建立学生间深厚的友情并增强班级的凝聚力。采用学导式教学法对学生的个性化成长也起到了关键的辅助作用,有助于提高学生的整体素质和能力。

二、学导式教学法在篮球教学中的应用程序

(一)教师导学

篮球这项运动具有很强的实践性质,为了让学生能够掌握篮球的相关知识和技巧,他们需要深入学习书本上的知识,持续观看相关视频,亲自参与其中,并进行反复的练习,这样才能真正获得知识和技能。在学生进行自主学习的过程中,自我认知和理解方面的误区是难以避免的。因此,在鼓励学生独立练习时,教师应当提供积极的指导和准确的建议,确保学生能够准确掌握篮球的核心概念,如篮球的历史、独特性、文化含义及锻炼时的注意事项等。只有当学生对篮球的知识有了深入的理解和全面的掌握,他们才能将这些知识应用于实际的篮球练习中,充分展现自己的独立思考能力,并对篮球的各种技巧进行深入研究。另外,教师需要根据学生当前的学习状况来合理分配一些作业任务,以便让学生的学习目

标更加明确。

(二)学生自主学习

在教师的引导下,学生的学习目标变得更加明确。他们会逐步确定自己的学习方向,并在这种自主学习的意识中,持续地学习和加强篮球的知识和技巧,从而使自己在篮球领域的知识和技能得到进一步的丰富和提升。在学生的自主学习过程中,小组成员可以自由地进行讨论,分享他们的学习心得和经验,并根据自己的问题寻求指导和改进,这不仅增强了学生的自主学习能力,还有助于培养他们的人际交往能力。

(三)师生展开交流

尽管学生的自主学习在篮球教育中占据了至关重要的位置,但学生在这一过程中对篮球的知识和技能的掌握仍然是受限的。在教师的指导下,学生会逐渐识别出学习中的难点,并意识到还有许多需要努力和学习的地方。因此,教师的引导和师生之间的有效沟通变得尤为关键,这不仅可以帮助学生解决实际的学习问题,还能激发他们的思维,并有助于培养他们的终身体育观念。

(四)教师指导示范

在篮球课程的教学过程中,如果学生只依赖自己的思考方式和方法来学习,那么他们只能掌握一小部分的知识,并且对技能的掌握也不是很精确和扎实。为提升学习效果,教师应当对篮球的具体知识进行系统讲解,并开展综合性的示范。因此,在篮球课程的教学过程中,教师的指导和示范环节需要被特别重视。

在教学过程中,教师主要采用讲解的方式,而在此过程中,教师所使用的语言应当是简洁且清晰的。为了确保学生能够迅速地理解,只有当学生在掌握了篮球相关知识的基础上,他们的篮球技巧才会逐渐稳定,在独立学习的过程中展现出最大的学习热情。展示篮球动作是教师指导中的一个关键环节,教师需要确保篮球动作的技巧和重点都被牢固地掌握,并以清晰和准确的方式进行示范,以便学生能够全方位地掌握动作的核心要点,并能流畅地完成各种动作。

(五)学生自我吸收理解

在篮球的教学过程中,篮球教师除了需要进行有系统的教学,还应鼓励学生展现他们的主观能动性和自主学习的热情。在教师的引导下,学生应培养自主学习和自觉学习的良好习惯,这也是提升篮球教学效果的关键途径之一。篮球教学考核旨在评估学生对篮球知识和技能的掌握程度。因此,学生需要在学习过程中学会自我吸收,并在教师的引导下,主动总结自己的学习成果。同时,学生还需要反思自己的学习问题,并在发现自己掌握不准确的内容时,及时向同学或教师咨询,以便及时解决问题。

第五节 篮球课程教学方法的组合应用

一、篮球教学方法组合的理论构建

在篮球的教学过程中,仅仅依赖单一的教学策略,很难看到教学成果有显著的进步。针对性地融合和应用各种高效的篮球教学策略,对提高篮球的教学成果是至关重要的。我们聚焦情境教学法、分层教学法、合作教学法和游戏教学法的综合运用,以提升教学效果和学生学习体验。

篮球教学方法组合以"健康第一"和"以人为本"理念为指导进行理论构建,致力于提升篮球教学质量。首先,它将学生的全面发展置于中心位置,把激发学生对篮球学习的热情作为先导,以篮球技能教学为载体,有机地结合一般性练习和专门性练习;其次,明确了精心构建的教学目标,充分考量教学目标及所选取的教学方法各自具有的独特特点,进而全方位、系统性地设计出科学合理且富有成效的教学过程;最后,针对篮球教学方法的构建展开了深入全面的教学评价。以高中为例,篮球教学方法组合的理论构建如图5-1所示。

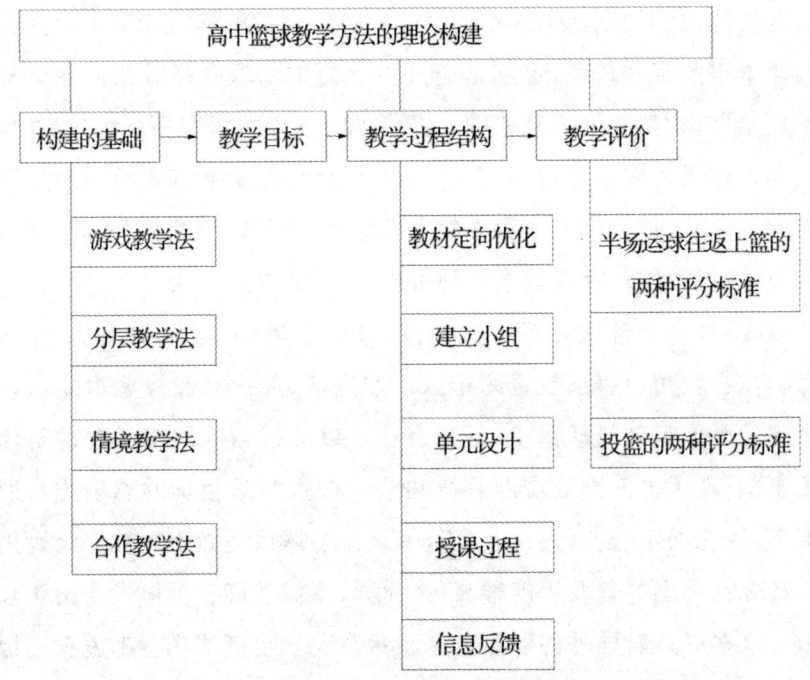

```
高中篮球教学方法的理论构建
    │
    ├──构建的基础──→教学目标──→教学过程结构──→教学评价
                                    │
        游戏教学法           教材定向优化        半场运球往返上篮的
                                                两种评分标准
        分层教学法           建立小组
        
        情境教学法           单元设计           投篮的两种评分标准
        
        合作教学法           授课过程
        
                            信息反馈
```

图5-1 篮球教学方法组合的理论构建

（一）篮球教学方法组合的构建基础

1.情境教学法

苏格拉底,是最早提出情境教学法的人。这种教学方法巧妙地借助特定的情境内容,辅助学生去理解特定的问题。在这样的情境中,学生可以产生强烈的共鸣,获得直观且深刻的感性认识。而这种感性认识犹如基石一般,为学生后续形成更为深入的理性认识奠定坚实基础,促使他们在认知的道路上不断迈进。这种教学方法极大地挑战了教师的教学技巧,并对教师的教育素质提出了更高的标准。对学生而言,想要在相对较短的时间里全面理解和掌握知识,特别是在面对复杂和难以理解的内容时,情境教学法无疑是一种非常有效的教学手段。

在实施情境教学法的过程中,那些在课堂上占据主导地位的学生能够最大限度地展现他们的主观能动性。教师为学生创造了一个学习的环境,在这样的环境中,学生可以主动地思考和拓展自己的思维,从而最大限度地发挥他们的创造力。举例来说,在英语教学中,教师常常会让学生扮演课本里的某些角色,也就是通过设计简洁的课堂情景剧。在这样的教学环境里,学生能更容易地融入以英语为主导的语言环境,并通过角色扮演和情感投入来学习单词和句子,从而最大程度地激发他们的学习积极性和主动性,进一步提升课堂教学的效果。通常,当我们采用情境教学法并在情境设计时,存在以下六种可能的选择方案。

首先,有多种备选方案可供选择,包括生活场景、图像展示、实物展示、语言表达、角色表演及音乐带入。在这些方案中,图像展示能够以生动直观的画面呈现篮球情境;语言表达可以通过精准的描述和讲解营造篮球氛围;音乐带入则能借助旋律和节奏增强篮球教学的感染力。通常情况下,图像展示、语言表达及音乐带入在篮球情境教学中被广泛运用。

篮球在我国的普及程度很高,在我国,篮球爱好者群体主要由年轻人构成。众多球迷对国外的职业篮球联赛及大学生篮球联赛都表现出极高的关注度。他们密切追踪着国外联赛的动态,对其充满热情与期待,无论是精彩的赛事对抗,还是球员们的出色表现,都能引发他们的热烈讨论和深入关注。这种情境教学方法为篮球教师提供了丰富的教学资源,扩大了情境设置的应用范围。当学生对篮球的相关知识有了初步了解后,他们在课堂上就无须花费大量时间进行背景介绍了。例如当进行投篮教学之际,如果教师期望运用情境教学方法,那么他们可以对世界著名篮球运动员中的那些投篮高手进行简要介绍。通过这样的方式,能够成功吸引学生的注意力,使他们的关注点聚焦于投篮这一技能上。同时,这也有助于学生在心理上做好准备,为后续更加深入地学习投篮技巧奠定良好的基础。在实际的教学活动中,情境人物的投篮动作会在学生的思维中反复出现。因此,教师需要进行详细的解释、精确的示范和指导,以确保学生在练习过程中能够逐渐熟练掌握投篮技巧。此外,对学生而言,具备高级技能的情境人物是他们的楷模,他们会带着敬仰的心态努力进行练习,以便更接近这些榜样。

2.分层教学法

在篮球的教学过程中,我们应当遵循因材施教的策略,而层次化的教学方式正是这一策略的明确体现。处于身体成长关键阶段的青少年,在身体素质和运动技能等多个方面表现出显著的个体差异,同时,男性和女性之间的差异也相当明显。面对这一实际情况,实施分层的教学方法显得尤为关键,这样可以确保教育过程的公正性,并确保每位学生都能受益于这种教育方式。

在篮球的教学过程中,我们采纳了层次化的教学方法,这完全体现了人本主义的教育理念。在教学过程中,教师始终关注每位学生的独特性,并根据学生的不同特点和能力进行个性化教学,确保为学生提供最适合他们的教育,并帮助他们每天都取得进步。篮球的技巧既复杂又具有一定的灵活性,通过采纳分层的教学方法,我们可以深入挖掘各个层次的学生在篮球上的天赋和潜在能力,并帮助他们更有信心地进行学习。

在篮球的教学过程中,公平地对待每位学生确实是一项挑战,但通过采纳分层的教学策略,我们可以尽可能地实现这一目标。如此一来,每一位学生都能够精准地找到属于自己的位置。在这个过程中,他们的存在感会显著提升,满足感也会不断增强。并且,通过这种方式,学生的身心健康能够得到持续且和谐的发展。他们在找到自身定位的同时,积极参与各项活动,不断挑战自我,实现身心的全面成长与进步。这同样满足了现代社会对全方位发展的人才的期望,并体现了素质教育的核心思想。在学校环境中,青少年学生所培养出的自信心对他们未来的职业生涯和日常生活都具有深远的影响。

3.合作教学法

每一个个体都具有其独特的独立性和独有的特点。人与人之间存在明显的差异,每个人的长处也是有局限性的。在我们的学习和日常生活中,每个人都可能面临各种各样的挑战,而在解决这些问题时,也可能会碰到各种程度的障碍。总的来说,每个人的能力和学习效率都是有局限性的,这也在很大程度上制约了他们的个人成长和发展。在这样的背景下,采纳合作式的教学方法可以帮助学生的个人成长达到一个新的高度。篮球是一个团队合作的项目,因此,团队合作显得尤为重要。在篮球的教学过程中,我们也需要培养学生的团队合作精神,确保他们不仅能够熟练掌握篮球技巧,还能深化他们的思维。

在合作教学法里,合作涵盖了两个核心内容:其一,教师与学生之间应展开紧密合作,携手协同作战;其二,学生们彼此之间相互支持,取长补短,共同弥补各自的不足之处。而这两者的最终目标皆是实现预定的目标,进而推动学生的成长与进步。在运用合作教学法的过程中,需要重点关注以下五点内容:

(1)学生之间积极互动

在篮球的教学过程中,场地、器材及其他相关的教学资源都是学生共同拥有的。教师可以根据这些资源来合理地设定奖励和惩罚措施,从而更好地激发学生的学习热情和潜在能力。此外,在课堂教学中,教师应当根据每个小组的具体状况来设定一个与该小组相匹配的小目标。这样做有助于激发各个小组成员的学习积极性,促使他们之间形成相互依赖和积极的互动,从而实现小组设定的目标。

(2)师生面对面交流

在篮球的课堂教学中,篮球教师的讲解和指导是不可或缺的。教师与学生之间需要建立适当的互动和面对面的沟通交流,教师应协助学生明确正确的合作方向,以确保学生能够有针对性地进行学习。

(3)明确个人责任

每一个小组中的学生都需要肩负起他们的职责,确保自己的任务有效地完成。与此同时,这些小组成员彼此之间应当给予全力支持,紧密合作、毫无间隙、齐心协力共同为达成小组的学习目标与任务而努力奋斗。他们在合作的过程中,充分发挥各自的优势,相互协作、相互促进,共同攻克学习中遇到的各种难题。

(4)处理好人际关系

合作式的教学方法能够锻炼学生在人际交往方面的能力。每一个小组的学生都有一个共同追求的目标和方向。仅仅依靠个人的英雄主义行径,是决然无法实现小组学习目标的。每一位学生都必须充分发挥自身的主观能动性,积极主动地去探寻解决问题的方法及学习的技巧。与此同时,他们也应当自觉地向其他学生提供帮助,或者主动寻求他人的协助,通过与他人合作的方式,共同去解决问题、完成任务。在这个过程中,学生们要摒弃单打独斗的思维模式,认识到团队合作的重要性,以集体的智慧和力量去攻克学习道路上的重重难关。在这一过程当中,学生们的团队合作意识将会逐步增强。他们会更加深刻地认识到团队的力量,学会与他人协作,共同为实现目标而努力。与此同时,学生的人际交往能力也会得到显著提升。他们在与团队成员的互动中,学会沟通、理解、包容和支持,不断拓展自己的人际关系网络,为未来的发展奠定良好的基础。

(5)小组自加工

小组自加工,即小组成员彼此之间展开深入的相互讨论及进行深刻的自我反思。在这个过程中,小组成员们针对特定的问题或任务,各抒己见、交流观点,通过思维的碰撞激发新的灵感和见解。同时,他们也会对自己在小组活动中的表现进行审视和反思,总结经验教训,以便在后续的学习和合作中不断改进和提升。小组成员在合作解决问题后,应该及时进行总结和反思,一方面是对自己的能力进行反思;另一方面是对小组成员的合作进行总结。在这次的反思中,团队的每一位成员都将获得宝贵的经验并持续进步。这同样体现了合作教学方法对学生发展的深远影响。

4. 游戏教学法

篮球教学的推进深受时间、场地及学生个人条件等诸多方面因素的制约。这些因素直接关乎教师与学生之间能否实现有效的互动,也决定着学生是否能够全面地掌握篮球技巧。为了尽可能地降低这些因素所带来的负面效应，同时最大限度地发挥这些因素的正面影响，篮球教师经过深思熟虑，决定在篮球教学当中融入游戏式的教学方法。通过这种方式，期望能够为篮球教学注入新的活力，提升教学效果，让学生在轻松愉快的氛围中更好地学习篮球知识和技能。

篮球游戏教学法作为一种教学辅助手段，能够让篮球的课堂教学变得更为有趣和轻松，从而创造出一个充满活力的学习环境。这样，学生在面对重复的教学内容和单调的教学方法时，不会失去对篮球的热情，不会在心理和身体上对篮球课程产生反感。在正式开启篮球教学活动之前，必须进行一连串的预备工作。而在这些准备活动当中，篮球游戏占据着核心地位。经由这一系列的活动，学生能够获得极为充分的热身效果。这样一来，既可以激发他们对篮球学习的强烈热情，又能够为后续的教学活动筑牢坚实的基础，进而达到提高整体课堂教学效果的目的。学生在参与篮球游戏的过程中，身体逐渐预热，心理状态也得以调整，为即将到来的篮球教学做好了充分的准备。

在篮球的教学过程中，融入游戏式的教学方法是非常关键的。尽管体育课在灵活性和趣味性上都超过了文化课，但如果长时间使用几种简单的教学方法，学生可能会觉得内容单调，而采用游戏式的教学方法可以有效地解决这一问题。但是，教师在课堂上应当妥善管理篮球游戏的时长，通常这占据了总课时的30%，可以根据学生的实际需求进行适当的调整。游戏教学法在课堂上的应用如下：

首先，在课程的预备阶段，教师可以引导学生进行一些基础的篮球活动，以吸引他们的兴趣。

其次，在提高运动强度之前，可以为学生安排一些预备性的游戏活动，以防止因增加运动量导致学生受到伤害。此外，这也有助于学生更好地理解即将学习的篮球动作。在正式的教学过程中，教师会结合之前的热身活动，进行有针对性的讲解和示范，特别强调学生在游戏中可能犯下的错误动作，并指出哪些动作如果做得不规范可能导致伤害，以引起学生的高度关注,确保他们的安全,并提高他们的学习效果。

最后,在课程的尾声,可以组织学生进行一些轻松的游戏活动,目的是帮助他们迅速恢复心跳,放松大脑皮层,从而避免身心疲劳对他们未来的学习产生不良影响。

在篮球课上运用游戏教学法时,需要重点关注以下三点:

首先,在正式启动游戏之前,教师务必对游戏的规则进行简洁明了的解释,详细阐述游戏的各个具体步骤和方法,同时明确说明如何判断游戏的输赢标准,从而使得学生能够清楚地知晓应当如何操作。教师通过清晰的讲解,让学生在游戏开始前就对游戏有全面的了解,为顺利开展游戏教学活动奠定基础,确保学生能够积极参与并在游戏中获得良好的学习体验。

其次,教师需要对游戏小组进行合理的划分,确保各组的技能水平基本一致,如此一来,在进行游戏的过程中会增添更多的悬念。这些悬念的存在能够极大地激发学生的学习积极性。这种由悬念引发的学习积极性,能够促使学生更加主动地参与篮球学习,提高他们的学习效果。

最后,在开始游戏之前,要特别强调热身活动的重要性,以防止可能出现的肌肉拉伤和关节扭伤。

(二)篮球教学方法组合的教学目标

在传统的篮球教育模式中,教师会先进行详细的讲解和示范,学生则通过观察和模仿来学习,教师随后指出存在的问题,而学生则是在练习的过程中不断地进行改进。尽管传统的教学方式能够帮助学生更好地掌握篮球动作,但学生在学习过程中很难找到乐趣和愉悦的体验,而且可能会觉得篮球运动是乏味的、枯燥的。这种情况可能会降低学生的学习热情。在对情境教学法、分层教学法、合作教学法和游戏教学法进行优化的基础上,将这些方法融入篮球教学中,可以更好地适应不同基础的学生和不同的教学环境,使得教学更加有针对性、目的性。这种方式有助于学生更为高效地掌握篮球技巧,并更好地促进他们的身心健康成长;有助于提升学生在人际关系方面的技能,并激发他们对学习的兴趣。通过优化和组合多种教学手段,篮球课的内容变得更加丰富和多样,这无疑会提升教学的效果和品质。

(三)篮球教学方法组合的过程方法

篮球教学方法的优化模式如图5-2所示。

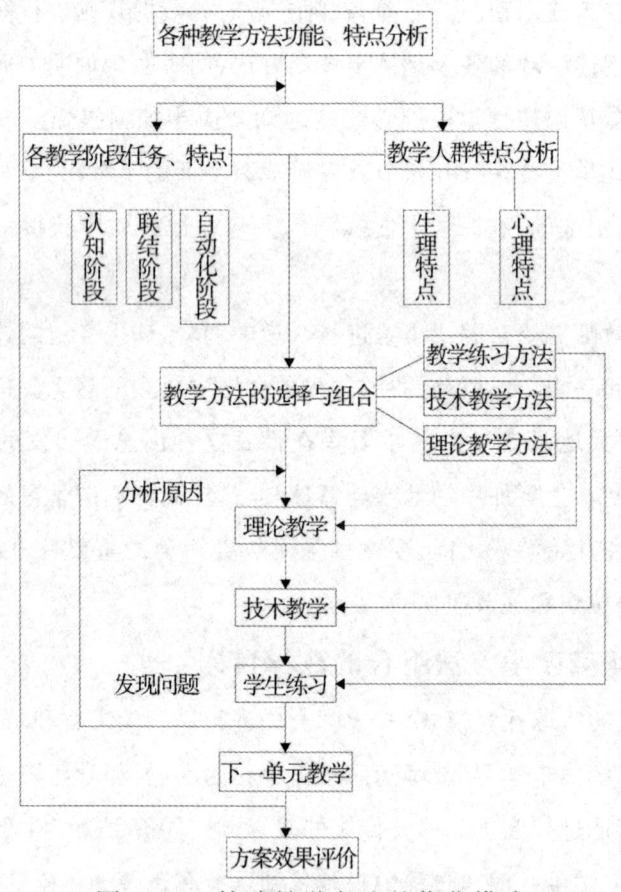

图5-2 篮球教学方法的优化模式

具体来说,篮球教学方法组合的过程涵盖以下六个重要环节,这六个环节相互关联、相辅相成,共同构成了一个完整的篮球教学方法体系。

1.定向优化教材

在开展教材的定向优化工作时,务必保证教学大纲中所明确规定的教学任务、教学目标、教学要求及教学内容维持不变。只有确保这些要素的稳定性,才能在教材优化的同时,保证教学的连贯性和一致性,使学生能够在稳定的教学框架内,更好地接受知识、掌握技能,实现教学的预期效果。基于此,我们对篮球的教学内容进行了优化和升级,合理地在每一节篮球课程中分配了零碎的知识点,鼓励学生在课前进行充分的预习,并在课堂上与教师紧密合作,全心全意地学习。在编制教案的过程中,教师不仅总结了课堂上的教学内容,还组织了各种实践活动,以便学生能更加灵活地运用在课堂上学到的知识和技能。

在篮球的教学过程中,教师会根据班级学生的普遍接受程度来控制教学进度。在开始每一节课之前,教师都会制订详尽的教学计划,并在课程结束后,将下一节课的教学内容告知学生。教师还会为学生分配查找相关资料的时间,以便他们能够提前了解即将学习的新动作,并形成直观的认识。学生在课前的充分预习,如同为知识的大厦筑牢根基,能够让他们在课堂学习中有备而来,更好地理解和吸收新的知识。课堂上的全心全意学习,则是构建知识大厦的关键环节,学生们积极参与、认真思考,将篮球知识与技能逐步内化。而课后的及时总结、归纳和复习,恰似对知识大厦的精心修缮和加固,能够帮助学生巩固所学,查漏补缺,不断提升对篮球知识和技能的掌握程度。同时,通过这一过程,学生也能够逐渐培养起良好的学习习惯和方法,提高自我学习的能力和效率,为未来的学习之路奠定坚实的基础。

2. 建立合作学习小组

在教师进行学习小组划分的过程中,"组间同质,组内异质"乃是一个必须严格遵循的核心原则。

这一原则对学习小组的构建起着至关重要的作用。"组间同质"意味着不同的学习小组在整体水平、能力等方面应保持相对的均衡,避免出现某些小组明显强于其他小组的情况,从而确保各个小组在学习竞争中处于公平的地位;而"组内异质"则要求在每个学习小组内部,成员之间在学习能力、性格特点、知识储备等方面具有一定的差异性。为了增强本组的战斗实力并在与其他小组的竞争中获得上风，小组成员之间的紧密合作是关键，而这种竞争也能进一步激发团队的团结和合作精神。

在进行分组教学时，每一节课结束之前，教师都会根据学生在课堂上的表现来确定名次，并在期末考试中，将日常的排名和分数纳入总分。学习过程与学习成绩构成了小组评分的两大核心部分，其中学习过程占据了40%，而学习成绩则占据了60%。在学习过程的评定当中，其主要涵盖的内容包含以下五个方面：其一，课前预习成果的汇报情况。学生在课前进行预习后，通过汇报的形式展示预习的成果，这可以反映出学生的自主学习能力及对新知识的初步掌握程度。其二，动作学习的规范程度。在学习篮球的过程中，动作的规范与否至关重要，它不仅关系到学生对篮球技能的掌握，还涉及学生在运动中的安全问题。其三，小组合作学习的效果。小组合作学习是一种重要的学习方式，通过观察小组合作的过程和成果，可以评估学生的团队协作能力、沟通能力及问题解决能力。其四，组内学习协调效果。这主要考察小组成员之间在学习过程中的协调配合程度，包括任务分配是否合理、成员之间是否相互支持等。其五，课后教案总结情况。课后的教案总结是对学习过程的反思和升华，通过学生的总结情况可以了解他们对所学知识的理解和掌握程度，以及他们在学习方法上的改进和提升。这五个方面相互关联、相辅相成，共同构成了对学习过程的全面评定体系，为教师了解学生的学习情况、调整教学策略提供了重要的依据。

3.教学单元内容设计

在正式开始教学活动之前，教师需要从一个宏观的角度来梳理教学大纲所规定的各项教学内容，并对普通教学内容与重点教学内容进行明确的区分。教学大纲作为教学活动的重要指导文件，对教学内容的范围和重点进行了明确的界定。教师在教学过程中，会围绕这些重点教学内容进行精心设计和组织教学活动，以确保学生能够有效地掌握并应用这些知识和技能。因此,教师应采用科学和合理的教学方法来教授这些内容,同时学生也应努力掌握这些重点教学内容。

在明确了普通教学内容与重点教学内容之后,我们需要科学地规划教学的顺序,确保在整个教学流程中都是连贯和系统的,并有序地进行教学活动。在技术的教学过程中,首先介绍动作的结构;其次深入探讨动作的基本原理;最后详细讲解并展示如何应用这些技术动作。纵向递推式延伸的教学理念为教学活动提供了明确的方向和指导原则。在这种理念的指引下,教师在教授技术动作时,不仅局限于单纯的动作传授,而是须将技术动作与更广泛的知识体系相联系。

教师通过深入讲解技术动作的原理、应用场景及与其他相关知识的关联,帮助学生建立起更加全面、系统的知识结构。为了确保学生能够逐渐掌握和理解教学内容,教师需要按照一个循序渐进的方式,确保各个教学环节之间的紧密衔接。

4. 授课过程

(1)三步上篮教学

用四次课的时间教"三步上篮",教学所采用的方式包括传统教学法、分层教学法及合作教学法。

首先,将学生划分为以下三个层次:

A层:该层次的学生具备一定的篮球基础,并且在之前的两项技术学习中取得了较为优异的成绩。他们对篮球有一定的了解和掌握,在技术学习方面表现出较高的水平和能力。

B层:处于这一层次的学生此前未曾正式接触过篮球,然而在之前的两项技术学习中却有着良好的成绩表现。他们虽然没有篮球基础,但在其他技术学习中展现出了较强的学习能力和潜力。

C层:此层次的学生篮球基础较为薄弱,同时在之前的两项技术学习中也未能取得较好的成绩。他们在篮球学习方面面临着较大的挑战,需要更多的指导和帮助。

完成分组后,教学程序如下:

第一次课:传统教学法。学生们首先在教师的引领下进行热身练习。热身完毕后,学生们获得了五分钟的自由活动时间。当这些自由活动结束之际,教师将学生们召集到一起,对三步投篮的技术动作进行了初步的讲解介绍。随后,教师亲自示范了这些动作,并且引导学生进行分解练习。分解练习的方式有助于学生们更好地掌握每个子动作的要领,为后续的整体练习打下坚实的基础。具体而言,将其划分为四个子动作,分别是跨步后跳、跨步后接球、运球及起跳投篮。在这个过程中,教师通过详细的讲解和精准的示范,让学生们对三步投篮的技术动作有了初步的认识和理解。

第二次课:传统教学法和分层教学法。在教师的引导下,学生们率先展开了热身练习。教师通过引领学生进行热身,为后续的学习活动做好身体准备。当热身活动落下帷幕,教师再度完整地展示了三步上篮的动作,同时指导学生对上一堂课的分解动作进行复习。教师的再次示范和对复习的指导,有助于学生巩固和深化对三步上篮分解动作的理解与掌握。要求各个层次的学生参与动作分解练习,能够确保不同水平的学生都能从基础动作的练习中逐步提升篮球技能,为进一步的整体动作学习和实战应用奠定坚实基础。在进行检查和指导的过程中,教师应当特别留意 B 层和 C 层的学生,一旦发现他们存在偏差,要及时予以纠正,并为他们提供更为详细的指导,帮助他们更好地掌握技术动作,增强他们的学习信心;对于 A 层的学生来说,需要适度提高标准并增加学习难度,激发他们的学习潜力,促使他们不断进步。

由于本节课的运动量相对较大,较大的运动量会使学生的身体产生一定程度的疲劳感,出现肌肉紧张、心率较快等情况,因此,在课程结束之际,教师务必带领学生认真做好放松活动,以此来缓解身体的疲劳状态。教师带领学生进行放松活动,可以确保放松的科学性和有效性。同时,做好放松活动也有助于培养学生良好的运动习惯,提高他们对运动健康的认识。

第三次课：分层教学法和合作教学法。在教师的引导下，学生进行热身练习。教师从 A 层的学生中挑选一个动作掌握较好的学生进行规范的动作示范，然后在 C 层的学生中选择一个动作掌握较差的学生进行示范。教师进行了对比分析，探讨了两者在动作上的差异和形成原因，并给出了避免和纠正错误的建议。在教师的引导下，三个层次学生复习了上一堂课的分解动作，并练习了连续的三步上篮动作。在对他们进行练习的过程中，教师对其练习表现进行了重新评估，并依据他们的练习质量将他们重新分层。在每个层次中，至少需要有一名学生在篮球技巧上表现出色，然后将剩下的学生均匀地分配到其他层次中。当课程达到尾声时，进行一些轻松的活动。

第四次课：传统教学法和合作教学法。在教师的引领下，学生进行了热身练习。随后，教师再次全面展示了三步上篮的动作，并且着重强调了以下三个方面：

第一，应当在左脚踏上罚球分界线的位置接球，对于女生或者身材较为矮小的学生来说，可以根据实际情况适当提前进行接球动作。

第二，在起跳之后要迅速地将球举过头顶。需要明确的是，起跳的高度与瞄准的时间有着紧密的直接关联。一般来说，起跳高度越高，瞄准的时间也就越长。在完成起跳动作之后，要把握时机果断地将球投出。

第三，要自然落地，在落地的过程中，身体不能过度前倾，而是应该屈膝进行缓冲。

在强调了上述三个要点之后，学生在教师的引导下开始新一轮的练习。三个层次的学生分别都展开了独立的练习，三个层次的划分使得不同水平的学生能够在各自的范围内进行有针对性的练习。在这个过程中，实行小组负责制，组内的学生彼此之间相互协助并进行监督。对于动作不规范的学生给予特别指导，体现了教学的个性化和精细化，能够帮助他们尽快掌握正确的动作要领，提升篮球技能水平。教师站在旁边进行观察和问题总结,接着把学生们聚集在一起,明确指出他们在练习过程中普遍遇到的问题,并给出相应的解决方案,然后各个小组的学生继续进行练习。当课程达到尾声时,进行一些轻松的活动。

(2)单手肩上投篮

采用三次课来进行教学,在教学过程中运用传统教学法、情境教学法及游戏教学法。通过三次课的时间安排,能够为学生提供较为系统和全面的学习体验。

教学过程如下:

第一次课:传统教学法。在教师的悉心指导下,学生首先进行热身练习,为后续的学习活动做好身体准备。接着教师详细解释了原地单手肩部投篮的技巧和要点。随后,他们展示了完整的动作,学生模仿老师进行独立练习,而教师则提供了相应的指导。当课程达到尾声时,进行一些轻松的活动。

第二次课:采用传统教学法和情境教学法。在投篮教学中,教师可以设置各种比赛情境、实战情境等,让学生在模拟的真实场景中运用所学的投篮动作。这样不仅能够增加学生的学习兴趣和积极性,还能让他们更好地理解投篮动作在实际比赛中的应用,从而更加扎实地掌握投篮技巧,提高投篮技能水平。

在教师的引导下,学生首先进行热身练习,随后有5分钟的自由活动时间。许多学生会利用这个时间进行投篮练习,这表明学生在投篮方面具有很高的积极性。在自由活动结束以后,教师引领学生回顾上一堂课所教授的原地单手肩部投篮技巧。自由活动后的回顾环节有助于学生巩固所学知识,加深对投篮技巧的记忆。接着,教师随机挑选学生进行示范。随机选择学生进行示范,能够真实地反映出学生对技巧的掌握情况。教师通过观察学生的示范,可以及时发现问题,并给予针对性的指导和纠正。

教师将学生划分成三个各不相同的组别。每一个组别当中都涵盖了处于不同水平层次的学生。组长是由具有技术能力的学生担任,并且组长需要对该组的学生负有责任。在每个小组的学习过程中,教师都会仔细检查学生的行为是否规范,并及时提出学生存在的问题。在教师的指导和组织下,各组的学生在完成各自的学习任务之后进行了轻松的练习。

第三次课:传统教学法和游戏教学法。在教师的引导下,学生首先进行热身练习,其次复习上一堂课所学的动作,并进行无球投篮的练习,以使动作逐渐变得规范。学生可以自由地进行 10～15 分钟的练习。最后根据前一堂课的分组,我们安排了三种不同规则的单手肩部投篮竞赛,这三组的学生都必须参与。其规则如下:

第一,各个小组的学生均投两次篮,小组进球数最多的一组获胜。

第二,规定投篮时间,各个组别的学生依次轮流进行投篮,要求每人每一轮至少投进一球。在规定的时间内,投篮数量最多的一组将获得胜利。

第三,规定投篮个数,各个组别的所有学生都必须参与其中,用时最短投完规定个数的一组获得胜利。

在经历了三种不同规则的竞赛之后,我们对所有的成绩进行了整合,并据此进行了排名。当课程达到尾声,首先公布比赛的成绩,其次对单手肩部投篮的关键技巧进行了深入的总结和强调,最后让学生进行了一些轻松的实践。

5. 教学信息反馈

在一堂课的教学进程当中,教师需要运用多种不同的组合教学方法。这一要求无疑对教师的教学能力提出了更高的标准。为了更有效地进行和优化教学,教师需要了解外界的反馈信息。通常有来自以下三方面的反馈:

(1)在教学过程中,教师与学生直接沟通,深入了解他们的情感和体验。学生作为受教育者,他们对教学的体验是最为真实和客观的。教师会综合学生的反馈和建议,深入了解他们的真实需求,并据此进行有针对性的教学改进。

(2)在教学的整个过程之中,教师会邀请其他教师前来旁听。同时,这些听课教师会对教学过程进行记录,并且记录下学生对不同教学方法所产生的反应。

(3)在每一堂课结束之后,授课教师都会进行自我反思和总结。对学生在不同教学情境下反应的回顾是教学反思的重要环节。通过观察学生的课堂表现、参与度、学习成果等方面的反应,教师可以了解到学生对不同教学内容和方法的适应程度。如果发现某些教学内容过于复杂或教学方法不够有效,教师就可以及时对教学计划进行调整。

6.建立与完善教学评价体系

在开展篮球教学评价的时候,应当综合运用教师评价与学生评价这两种方式。篮球教学方法的优化组合旨在提高教学效果,而教学评价体系则是对教学效果的检验和反馈。只有将两者紧密结合起来,才能不断改进教学方法、提高教学质量。如果篮球的教学评估体系是科学且合适的,那么它可以有效地推动学生的学习进程。在构建评价体系的过程中,从个体评价向小组评价的提升具有重要意义。将竞争模式转化为合作模式,能够营造更加和谐、积极的学习氛围。在合作模式下,学生不再仅仅关注自己的成绩,而是共同为小组的目标而努力。积极鼓励小组之间的合作学习,可以促使学生们学会相互沟通、相互支持、相互配合。此外,我们在每个教学阶段都会组织分阶段的测试,以确保学生能够及时了解自己的学习进展,并为他们提供有针对性的指导,帮助他们在现有基础上实现最大的进步。

(四)篮球教学方法组合的评价标准

通过对班级男生和女生成绩的深入分析,教师制定了一套全新的综合评估标准。在过去所采用的评价标准当中,低分段与高分段二者之间的时间间隔统一为0.5秒,但新的评价准则对此进行了优化,使其更接近人体体能的实际标准。在新的标准中,低分段的两个得分之间存在明显的时间差异,这是因为学生在刚开始锻炼时更有可能取得更好的成绩。当学生不断逼近身体的体能和运动极限状态时,他们的学业成绩会面临着被严重影响的风险。正因如此,全新的评分标准具备了低分段达标成绩之间距离较大,而高分段达标成绩之间距离较小的鲜明特征。在这种情况下,由于学生在接近身体体能与运动极限时学业成绩易受影响,所以新的评分标准表现出低分段达标成绩间距偏大,高分段达标成绩间距偏小的特性(具体见表5-2和表5-3)[1]。

表5-2 半场运球往返上篮的两种评分标准对比[2]

分值	成绩(旧)	成绩(新)
15	31"0	28"0
14	31"5	28"7
13	32"0	29"6
12	32"5	31"0
11	33"0	32"6
10	33"5	34"4
9	34"0	36"5
8	34"5	38"6
7	35"0	40"4
6	35"5	42"5
5	36"0	44"6

表5-3 投篮的两种评分标准对比[3]

分值	成绩(旧)	成绩(新)
10	10	10
9	10	9.8
8	10	9
7	9	8.3
6	8	7.6
5	7	7.0
4	6	6.3
3	5	5.6
2	4	4.8
1	3	3.9

---

[1] 张哲华.高中篮球教学方法的组合应用[D].辽宁师范大学,2017.
[2] 张哲华.高中篮球教学方法的组合应用[D].辽宁师范大学,2017.
[3] 张哲华.高中篮球教学方法的组合应用[D].辽宁师范大学,2017.

二、篮球教学方法组合应用产生的诸多影响分析

(一)对学生学习兴趣和学习态度的影响

在篮球的教学过程中,采纳合作式的教学方法可以增强学生间的交流和沟通,从而营造一个更为浓烈和谐的学习环境。当学生身处这种特定的学习环境中,他们的学习热情和主动性都会得到提升。基于此,在课后或者学校组织的体育文化活动中,学生们会更加自觉地参与各类篮球相关活动,进而对篮球的各种动作、策略及规则拥有更深入的理解与掌控。

与其他文化课程相比,篮球的教学方式更为灵活和轻松,这也使得学生在课堂上不能表现出端正的态度,可能会敷衍了事,甚至玩闹打闹。然而,采用篮球的教学策略组合,能够激发学生在课堂上的学习热情,让他们全身心地投入学习和实践中,同时学生也可以主动地反思自己的不足,努力改进,追求更好的学习成果。

(二)对学生学习热情的影响

如今,素质教育的理念已经深入到人们的心中,这表明学校的教学任务不仅仅是把知识传授给学生,还必须着力培养学生的个性特点、人际交往的能力及解决实际问题的综合能力等各种素质。传统的教学和评价方法往往过分关注学生的知识掌握和学习成果,在此基础上,依据这些丰富的教学策略构建新的评价体系更是至关重要。新的评价体系不再局限于单一的标准,而是综合考虑教师评价与学生评价,既重视教学成果,又密切关注教学过程的各个环节。通过采用科学且合适的评估方法和标准来对学生进行评价,并将这些评估结果与最初的诊断性测试成绩进行比较,我们可以观察到学生在这方面有了显著的提升。那些取得了显著进步的学生将会更加充满自信地投入学习,他们的学习热忱也将得到充分的点燃。

(三)对学生掌握篮球知识和技能的影响

对教学方法进行优化和重组可以帮助学生更深入地理解篮球的理论和基础技巧。在传统的篮球教学方法中,教师通常首先解释动作的关键

点,其次进行示范,学生则通过模仿来进行练习。但是,这样的教学方式过于机械化,缺乏创新性。而且,如果只教授相对简单的篮球动作,那么基础扎实的学生往往不会投入学习,容易分心;如果教学内容具有一定的挑战性,比如涉及重点或难点的部分,那么基础薄弱的学生将难以跟上教学节奏,难以快速理解核心内容,从而逐步失去对学习的热情和自信。

篮球教师所面对的学生群体各具特点,这主要体现在他们的基础技能、经验和兴趣爱好上的差异。为了解决这一问题,我们可以在篮球教学过程中结合分层教学法和游戏教学法,如此一来,能够在最大限度上满足处于不同层次的学生的学习需求。一方面,可以激发那些基础较为薄弱的学生对篮球学习的浓厚兴趣;另一方面,也能为基础较好的学生提供更多进一步提升的机会。在向学生传授全新的知识之前,教师务必要着重强调预习的关键重要性。学生通过提前预习可以对所学内容有一个直观的理解。当他们在课堂上仔细听取教师的讲解并观察教师的示范时,这种直观的理解会得到加强。经由持续不断的练习,学生对篮球的认知能够从最初的感性认知逐步升华至理性认知。在充满情境感的教学进程当中,学生扮演起教师的角色,为那些基础较为薄弱的学生给予指导与帮助。如此这般,基础薄弱的学生便能够更加深入地领会和掌握篮球的技巧与动作。

(四)对班级凝聚力的影响

微型课堂、团队学习和合作式学习是学生获取学习材料和实现学习目标的三种核心方法。在合作式学习的旅程中,学生们持续地进行交流和互动,互相支持,并展现出积极的心理状态。在团队合作的学习历程中,学生们若想要顺利达成自己的学习目标,还必须与小组中的其他成员进行紧密协作。大家共同为了完成小组的学习目标及任务而奋力拼搏。因此,作为小组的一员,每位学生都应该担负起他们的责任和义务,这不仅能帮助学生认识到所发现的价值和意义,还能让他们感受到成就和满足,进而以更加积极主动的姿态投入学习之中,使班级的氛围变得格外活跃,增强班级之间的凝聚力,而班级之间的凝聚力也在这种积极向上的氛围中逐渐增强。班级间不再是各自为战的孤立个体,各个班级开始相互交流、相互学习,共同进步。大家为了共同的目标而努力奋斗,在竞争中合作、在合作中成长。

(五)对学生综合运动能力的影响

尽管篮球运动中的每一个动作表面上看起来都是流畅和连贯的,看上去容易掌握,然而,当我们真正亲自参与其中时,情况却往往与我们最初的想象大相径庭。那些看似简单的动作,在实际操作中却充满了挑战。学生动作的质量参差不齐,这与他们的身体状况、心理状态、练习的时长及采用的方法等多种因素紧密相关。通过优化组合教学方法,可以最大限度地发挥这些因素的积极作用,同时最大限度地减少这些因素的不利影响,从而提高学生的身心素质。篮球运动中所需要的协调性、敏捷性、耐力等素质,在其他运动中同样具有重要的价值。通过学习和掌握篮球技能,学生们能够将这些素质迁移到其他运动项目中,从而进一步提高自己的综合运动能力。这种综合运动能力的提升,不仅有助于学生在体育领域取得更好的成绩,更能为他们的身心健康和全面发展带来长远的益处。

(六)对学生课堂满意度的影响

尽管传统的篮球教育主要依赖灌输式的教学方法也能让学生有所收获,但这种方法并没有赢得学生的广泛认可。通过巧妙地结合多种教学策略,让学生更好地掌握课堂的主导权,是提高篮球课堂教学质量、促进学生全面发展的有效途径。在教师的引导和同学的协助下,学生通过自己的坚持和努力,逐渐接近他们设定的目标,从而产生了深深的心理满足。这种做法有助于不断提高学生对课堂的满意度,从而进一步激发他们的学习兴趣,增强他们的学习自主性,并优化课堂教学的效果。通过实施情境教学法,让学生们进行角色扮演,不仅能够加深他们对篮球技术动作的理解,还能让他们体验到教师的辛苦,进而更好地配合和协助教师完成教学目标。这是一种创新的教学方式,能够为学生的成长和发展带来更多的机遇和可能。

(七)对学生学习成绩的影响

优化组合教学法则以一种更加智慧和系统的方式来对待教学方法的

选择与组合。它是在对教学内容进行深入全面的分析及充分考量学生需求的基础之上,精心挑选出几种科学合理且适宜的教学方法进行有机组合。只有通过这样精准的选择和组合,不同的教学方法才能相互补充、相互促进,发挥出更大的作用,实现"1+1＞2"的教学效果。为了提升课堂教学的效果,教师需要提前规划和设计每一个教学环节,并对学生可能面临的各种问题进行预先的思考。此外,这一教学方法有着重大的意义,它能够有力地加强学生的直观理解能力,帮助他们建立起清晰的逻辑思维框架,让他们学会从不同的角度去思考问题,深入理解知识之间的内在联系,进而有效地提升他们的逻辑认知能力。最终确保学生能够扎实、熟练地掌握每一个教学主题,为他们的学习进步和未来发展奠定坚实的基础。经过这样的积极循环,学生的学业表现将会有明显的进步。

三、提高篮球教学方法组合应用效果的建议

(1)在篮球的课堂教学过程中,教师需要深入分析教学内容、学生的身心状态和运动能力,根据实际需求选择最合适的教学策略,并对这些策略进行优化和应用。为了更好地满足不同层次学生的需求,教师不仅要进行有针对性的教学,还要在教学评价环节积极创新,制定新的标准和构建新的评价指标体系,从而不断提升教学评价的有效性,推动教育教学工作的高质量发展。

(2)在对各种教学手段进行最佳组合之前,教育者需要深入分析各种方法的功能和优缺点,并对篮球的教学内容进行深入探讨,只有这样,才能最大限度地利用各种教学策略的优势。除此之外,作为教师,除了需要进一步丰富自己在篮球领域的专业知识,还应深入学习交叉学科和辅助学科的相关内容,以不断地提升自己的综合素质,从而更为有效地对学生进行教育,确保他们对每一个关键知识点都有深入的了解。

(3)篮球教师需要对篮球的教学内容进行分类,并根据不同的教学内容选择合适的教学方法。篮球教师还可以创新教学方法,将传统的教学方法和新的教学方法结合起来,取长补短,从而提高教学效果。

第六章　校园篮球课程体能教学方法的改革与运用

充沛的体能是篮球运动员充分发挥技战术水平的重要保障,是影响篮球运动员运动水平和篮球运动发展进程的重要因素。因此,本章在深入阐析体能训练的理论知识和篮球运动体能训练的意义和要求的基础上,对青少年篮球运动员体能训练存在的问题和校园篮球课程教学中体能训练方法改革与运用进行研究,以期能为篮球运动体能训练提供指导和帮助。

第一节　篮球运动体能训练相关理论阐析

一、体能训练的理论知识阐析

(一)体能训练的相关概念界定

1.体能的概念

长期以来,人们对体能有着不同的见解,在众多学者观点的基础上,笔者认为体能的概念主要包括以下三个方面:

①体能主要是由先天遗传及后天的刻苦训练共同获得的,其中,先天遗传起决定作用,后天的刻苦训练可以起到关键的促进作用。

②体能主要是指人的形态结构、人的生理机能、人的身体素质各方面所展现出来的综合运动能力。

③体能是身体内外环境相互作用的结果,不是一成不变的,而是随着

人身体状态和外在环境的变化不断发展变化的。

2.体能训练的概念

体能训练主要是指通过一些特定的训练方法和手段来提高人体各项体能素质的训练。体能训练主要包括对人的身体形态、生理机能及各项运动素质等的训练。其中,身体形态主要是指人的外部形态特征;生理机能是指运动员各器官系统的生理功能;各项运动素质主要包括力量素质、速度素质、耐力素质、灵敏素质和柔韧素质等。

(二)体能训练的分类

1.一般体能训练

在体能训练中,一般体能训练主要是指通过多种非专项的体能练习手段,以增进运动员的身体健康,提高各器官系统的生理机能,全面发展运动员的身体素质,从而为专项成绩的提高打好坚实的基础。

2.专项体能训练

专项体能训练主要是指采用直接提高专项素质的练习及与专项紧密联系的专门性体能练习,最大限度地发展对专项成绩有直接关系的专项运动素质,以保证运动员能掌握专项技术和战术并在比赛中顺利有效地运用,从而创造出优异的运动成绩。

3.两者的联系和区别

一般体能训练是专项体能训练的基础,专项体能训练为提供优异的专项运动成绩而服务。一般体能训练和专项体能训练是相辅相成的,两者共同为提高运动员的竞技能力服务。但同时两者也是有区别的,具体见表6—1。

表6-1 一般体能训练与专项体能训练的区别

类别	一般体能训练	专项体能训练
任务	①提高各器官系统机能,促进身体健康 ②全面发展运动素质 ③改善身体形态 ④掌握非专项的运动技术、技能和知识 ⑤为提高运动技术水平创造一定条件	①提高与专项有关的器官系统机能 ②最大限度地发展专项运动素质 ③塑造专项所需的体形 ④精确掌握与专项技术、战术有关的知识和技能 ⑤促进专项运动成绩和技术水平提高
内容	对全面发展运动素质和身体机能有益的、多种多样的身体练习手段,如球类、体操、举重、游戏等	直接发展专项运动素质的练习,以及在动作特点上与专项动作结构相似的练习,或有紧密联系的专门性练习
作用	为专项运动素质的全面发展和专项成绩的提高打好基础	直接提高专项运动素质,促使运动员创造优异的专项运动成绩

(三)体能训练的基本原则

1.系统性原则

系统性原则指的是运动员在体能训练的过程中,通过体能发展的内在规律对自己的训练过程进行科学合理的规划,并且长期不间断地坚持训练。在体能训练过程中贯彻系统性训练原则应做到以下两点要求:

①要对整个训练过程进行系统规划;

②要对训练过程中不同发展阶段的体能训练从各个方面做出系统安排。

2.全面性原则

全面性原则指的是在发展专项运动技能的前提下,全面安排和充分发展运动员的各项运动素质,通过体能训练使运动员各方面的素质得到全面而均衡的发展,即全面发展运动员的身体形态、身体机能、身体素质等。

专项运动素质与技能的发展是建立在一般运动素质的基础之上的,

只有进行全方位的安排,才能更好地创造这种条件与可能,使专项体能训练所需要的素质得到充分发展。

3.个性化原则

个性化原则指的是在确定训练目的、选择运动项目、安排运动时间和运动负荷时,要将运动员个人和外界环境条件的实际情况作为主要参考依据,结合运动员的个体差异,因人而异地安排训练。

个性化原则是进行体能训练的根本要素,在一定程度上对训练效果起决定性作用。坚持个性化原则实际上也就是要求在进行体能训练时,一切从实际出发,有针对性地进行训练。

4.自觉积极性原则

自觉积极性原则指的是运动员在充分理解身体锻炼的目的、意义的基础上,自觉、自愿、主动、积极地进行身体锻炼。体能训练实际上也是运动员克服自身惰性,战胜各种困难,下定决心通过自我训练达到完善自身的目的的一个过程。在体能训练过程中,运动员只有养成自觉的训练习惯而不是被动地参与训练,才能在获得愉快运动训练体验的同时,取得良好的训练效果。

(四)体能训练的内容

1.身体形态训练

(1)身体训练

身体训练方法对改善运动员身体形态有重要的意义,身体训练方法必须科学、系统且适合专项需要。

(2)专项训练

运动员的身体形态是否适应专项特点,满足专项需要,直接影响其专项运动水平和运动成绩,而科学合理的专项训练手段能够改善运动员专项所需的身体形态。

(3)形体训练

舞蹈、轻器械体操、健身操等特定的形体训练有利于运动员良好运动姿态和身材的形成,能够促进运动员协调能力、节奏感的提高。

2. 身体机能训练

身体机能训练涉及各个系统，如心肺系统、肌肉系统、免疫系统、神经系统等，这些系统又各自包含不同的要素，因此，在身体机能训练中涉及的内容非常多。

3. 身体素质训练

身体素质包括力量、耐力、速度、柔韧性等内容，这些要素相互影响、关系密切，因此，在训练中要注意训练的整体性。

身体素质训练的整体性要求在训练中应根据训练需要和目标尽可能展开各个方面的训练，从而实现身体素质的正迁移。

在身体素质训练中，必须深刻地认识到力量素质是训练的基础，为了更好地提高运动员力量素质训练的效果，须先了解力量素质的内容与分类，从而保证训练的全面性与系统性。

在同一分类中，力量素质的各项内容之间相互影响，了解不同类型的力量素质的关系，能够为力量训练方法与手段的科学选择提供基本依据。

二、篮球运动体能训练的意义与要求

（一）篮球运动中体能训练的意义

体能训练是运动训练的重要内容。体能训练是顺利完成各项运动训练的基础，没有好的体能，就不会有合适的技能训练、战术训练；同样，如果没有高效的体能训练，运动员就不可能产生高超的竞技能力。随着现代竞技体育的发展，比赛量和训练负荷与日俱增，对体能的要求越来越高，要想取得良好的竞技运动成绩，必须有良好的体能素质作为基础。篮球运动体能训练的意义主要体现在以下三个方面：

1. 延长运动寿命

如果篮球运动员拥有良好的体能素质，那么其身体也就拥有较强的灵敏素质、协调素质、柔韧素质、耐力素质、速度素质、力量素质等。随着篮球运动员年龄的不断增加及各种伤病的不断增多，其身体素质水平会出现逐渐变低的情况，从而大大影响其运动寿命的长短。因此，为了能够有效延长运动员的运动寿命,就有必要加强运动员专项体能的训练,使其能够拥有良好的身体素质,从而能够以更好的状态坚持完成整个比赛。

2. 提升战术能力

加强篮球运动员专项体能素质的训练,就是为了让篮球运动员能够以良好的状态完成整个比赛,这是因为一场篮球比赛由于强度大、时间长,因而对运动员的体力有着很大的消耗,此时如果运动员不具备良好的体能,就会导致运动员在比赛过程中缺乏足够的攻击性、主动性与对抗性,同时还会影响其投篮的命中率,从而影响比赛的结果。如果篮球运动员拥有良好的体能,就能够在赛场上敢于对抗、敢于主动出击,并且能够不断奔跑、积极防守及果断投篮,同时,良好的体能能够帮助运动员在赛场上不断调整自身的战术战略与奔跑走位等。因此,为了使篮球运动员能够始终以良好的状态参加篮球比赛,充分发挥其技战术水平,进而取得优异的比赛成绩,教练员应充分重视篮球运动员专项体能的训练,并根据实际情况制订出具有针对性与实用性的训练计划,同时应充分认识并积极弥补运动员的不足,以实现其篮球运动技能水平的进一步提升。

3. 增强运动员心理素质

一场篮球比赛不仅是对运动员技战术水平与体能素质的考验,同时也是对其心理素质的考验,因此,良好的心理素质在整个比赛过程中至关重要。加强篮球运动员专项体能训练,不仅能够极大增强运动员的身体素质,同时还能在很大程度上培养运动员良好的心理素质。艰苦的训练能够磨炼运动员的意志,培养其顽强拼搏、积极进取的精神。近几年来,篮球比赛的竞争越来越激烈,这就更加需要运动员具备良好的体能素质、心理素质与高超的运动水平。良好的心理素质能够使运动员始终以良好的心态参加比赛,能够有效克服自身的不良心理,如不会因为得分落后而感到气馁,也不会因为比分领先而感到骄傲,同时还能够及时调整自身的战略战术与身心状态。另外,良好的体能素质能够对整个队伍的精神面貌与战术风格等产生影响,体能素质好的队伍通常喜欢快攻、强攻,同时也更加愿意争取赛场上的主动权,这对比赛结果具有非常重要的影响。

(二)篮球运动体能训练的要求

全面掌握篮球运动的项目特征是大幅度提高篮球运动员体能水平的重要保障。在过去很长一段时间内,人们都将篮球运动界定为单纯的技能类运动项目,这种定位既不符合篮球运动的实际情况,也不利于篮球运动的训练与发展。篮球运动体能训练的内容要依据篮球运动的项目特点来选择和设计,要为提高篮球运动员竞技能力的主导因素服务。

1.篮球运动体能的组成部分

篮球运动体能主要由专项速度、整体力量、运动耐力及心理机能和意志品质构成,具体如下:

(1)专项速度

专项速度是对篮球运动体能水平最直接的反映,速度是篮球运动的灵魂,是创造战机、实行攻击的前提与条件。篮球运动的速度具有应变性(变向、变速)、节奏性和突然性的专项特点,起动速度及加速跑的速度是篮球运动专项速度的核心。篮球运动员的专项速度主要包括反应速度、起动速度、动作速度、进攻速度、防守速度、防守反击速度和攻防转换速度。篮球运动员的体能必须符合比赛强对抗、高速度(进攻与防守)的要求,才能保证技战术的发挥。因此,对于身体直接对抗的篮球运动的体能训练,必须以专项速度为目标安排和设计训练。高水平的专项速度既是体能训练效果的综合反映,又是体能训练效果的检查与评定指标。

(2)整体力量

对于篮球运动员来说,力量素质是其体能建设的重要保障,是其掌握和增强专项对抗能力、专项速度、专项技术的基础。运动员的力量素质对其在比赛过程中进攻与防守中的反应、跑动、加速与拼抢及防守与攻击的有效性都有决定性影响,所以说运动员的运动技能水平和力量素质存在很大联系。此外,力量素质与篮球运动员完成动作时的爆发力和耐力(速度耐力、力量耐力)及实施攻击的威力性和可靠性紧密相关。

(3)运动耐力

运动耐力是指大强度、长时间从事专项活动的能力。影响篮球运动员运动耐力水平的因素:第一,功能系统的机能能力;第二,在比赛中有效地利用机能潜力的能力;第三,疲劳情况下的心理素质和意志品质。

(4)心理机能和意志品质

心理机能和意志品质是指运动员面临难以忍受的疲劳感时,保持稳定心理状态、促使神经系统充分发挥作用、挖掘和动员机能潜力、完成比赛和训练任务的能力。

对篮球运动员心理机能和意志品质的提高产生影响的因素:运动员运动功能系统机能能力的提高;运动员完成比赛任务的愿望、意志和自我调节控制能力。具体来说,篮球运动员技能的提高是基础,愿望是动力,意志是条件,自我调节是方法。在篮球比赛日益激烈的当下,很多篮球运动员都需要在落后和逆境中艰苦对抗,而运动员良好的心理机能和意志品质往往是取胜的关键因素。

2.篮球运动体能训练的要求

篮球运动的体能训练是为技战术的运用与发挥服务的。体能训练是手段,提高攻防技战术运用能力和效果是目的。因此,篮球运动的体能训练要具有鲜明的专项特点,体能训练只有与专项技战术有机地结合,才能真正达到体能训练的目的,加快训练进程。与此同时,篮球运动员应在体能训练中完善和检验技战术,在技战术训练中发展和巩固体能。体能可以弥补运动技能上的不足,促进运动技术在篮球比赛中充分发挥;良好的体能水平是运动员在现代高速度、高难度、强对抗的篮球比赛中发挥和运用技战术的前提条件。因此,教练员应根据篮球运动的项目特点、运动员的水平和不同训练阶段的任务,合理安排两者的训练比重,将体能训练与技术、战术训练有效地结合在一起。

第二节 青少年篮球运动员体能训练存在的问题

青少年正处于成长发育期,也是体能发展的最佳时期,在这个时期进行针对性体能训练,有利于其身体素质的全面发展,为提高其专项素质打下良好的基础。同时,长期、系统的体能训练也有利于青少年保持稳定、良好的心态来更好地面对学习和生活。为适应现代篮球发展的需要,本节根据文献资料和笔者多年篮球训练经验对青少年篮球运动员体能训练的必要性和存在的现实问题进行了分析,明确了体能训练原则,制定了可行的训练对策去解决当前体能训练中存在的现实问题,以期能够为提高青少年篮球运动员的体能水平和促进青少年篮球运动的发展提供更好的指导与参考。

现代篮球运动技术、战术的迅速发展,使攻守对抗更激烈,对运动员的力量、速度、灵活性等素质提出了更高要求。而青少年体能训练工作的质量和水平,在未来的篮球人才竞争中起着关键性作用,因此,加强青少年篮球运动员体能训练显得十分必要。

一、篮球运动体能训练理念过于落后

在篮球运动的体能训练中,体能训练理念是对其训练过程具有决定性作用的一种理性认识,科学先进的训练理念对篮球运动员的体能训练过程具有重要的指导作用,能够有效提高运动员体能训练的效率,进而促进运动员综合能力的提升。因此,篮球运动员的体能训练需要一套具有科学性、合理性、系统性与针对性的训练理念来予以指导,从而全面提升运动员的体能素质水平。

从当前我国青少年篮球运动员的体能训练方法来看,体能训练理念存在滞后性。除了训练项目不够规范之外,训练项目的模式也缺乏科学性。这种情况一方面导致青少年篮球运动员的篮球水平得不到提升;另一方面则影响了青少年篮球运动员的成长发育。体能训练理念滞后具体表现为篮球运动员体能训练时间不足,无法完成比赛;在篮球场上出现体力不支,需要引起重视。由于篮球运动和普通运动有所不同,尤其是进行青少年篮球训练的时候,更需要看到两者之间的区别。体能训练应当是作为一项篮球运动训练内容甚至是前提而存在的,不过很多人还没有意识到这一点。

二、教练员对体能训练缺乏足够的重视

多数教练员在制订篮球运动员训练计划时,只是一味地注重其专项技术与战术的训练,注重其专项理论知识的传授,却缺乏对运动员体能训练计划的制订。这样的训练方式很难取得良好的训练效果。良好的体能素质是进行体育运动训练与比赛的重要基础,只有当运动员体能素质增强了,其综合技能才能得以提升,运动员也才能在比赛中更好地发挥自身的技战术水平。

三、体能训练与篮球运动专项特点相脱离

教练员在对篮球运动员的体能进行训练时,应该与专项技术相结合。然而,大多数教练员在对篮球运动员进行体能训练时,很少结合篮球运动的专项特点进行体能训练,基本上都是通过统一的跑步、蹲杠铃等传统单一的方法来增强运动员的训练强度,从而实现其体能素质的强化,毫无疑问,这样缺乏针对性的训练方法难以取得十分明显的效果。体能训练的目的不只是增强运动员的综合能力,同时还包括增强运动员的心理素质、激发运动员的体育潜能,因此,教练员应该结合篮球运动的专项特点,根据运动员的实际情况,采用多样化的训练方法,有针对性地对其体能素质进行训练。

第三节 校园篮球课程教学中体能训练方法的改革与运用

篮球运动专项体能训练应该以速度素质、力量素质、耐力素质等训练为主,然后在此基础上与其他素质训练相结合,同时教练员还应该注意根据篮球项目特征与运动员本身的实际情况,科学合理、灵活多变地选择相适宜的体能训练方法与训练内容,进而促进篮球运动员技能水平的提升。

一、篮球运动中体能训练方法的改革策略

(一)坚持循序渐进和系统训练相结合

随着人们社会生活质量的提升与体育意识的不断增强,在体育运动项目的训练中,人们开始逐步认识到体能训练的重要性。通过对大量体育运动比赛实践的分析与研究发现,人体的运动能力并不是一朝一夕就能形成的,而是一个需要长时间进行反复不断的训练与实践的漫长过程。同样地,良好的体能素质的形成也是如此。因此,在对篮球运动员进行体能训练的过程中,教练员应该严格遵循循序渐进的原则,也就是说,要注意对训练时间、训练强度、训练难度及训练负荷的合理控制,要根据运动员的具体训练情况逐步增加训练时间、训练强度、训练难度与训练负荷,要做到训练时间由短到长、训练强度由小到大、训练难度由低到高、训练负荷由小到大,以使篮球运动员能够逐步适应高强度的训练。如此一来,既能够逐步实现运动员体能素质的增强,又能够有效降低运动员运动损伤发生的概率。另外,在篮球运动体能训练中,教练员还应该注意训练的系统性、持久性、连续性与周期性,要根据运动员身体发展的规律,在不同的体能训练阶段采取科学合理的训练方法,合理控制训练结构、训练强度与训练量,以实现篮球运动员整体技能水平的逐步提升。

(二)坚持基础体能训练和专项技术训练相结合

教练员在对篮球运动员的体能素质进行训练的过程中,不仅要将基础体能训练与专项技术训练进行有机结合,同时还要正确处理两者之间的关系,要明白基础体能训练是为专项技术训练服务的,要突出专项技术训练的重要位置,不能喧宾夺主,要合理分配两者的训练比例,以保证训练效果的整体提升。另外,在对篮球运动员体能进行训练的过程中,教练员也不能只注重专项技术训练,而忽视基础体能的训练,应该在不同的训练时期与训练阶段,根据实际情况,合理安排两者的训练强度,协调好两者之间的关系,以实现基础体能训练与专项技术训练的有机结合,从而最大限度地增强体能训练与专项训练的效果。

(三)坚持体能训练与其他竞技能力训练相结合

将体能训练与其他竞技能力训练进行有机结合,能够达到多项能力相互促进、共同提升的目的。因此,在篮球运动的体能训练中,不能只是单一地注重运动员体能素质的训练,教练员还应该将体能训练与其他竞技能力训练进行有机结合。例如应该将技术、战术与心理等多个方面的能力训练融入体能训练中,如此一来,既能够达到增强运动员体能素质的目的,又能够促进运动员技术、战术水平及心理素质水平的提升,从而实现运动员综合能力的全面提升。在这一过程中,教练员可以根据篮球运动员的身心素质状况进行适当的调整与优化,以大力促进我国篮球运动员体能素质的有效提升。

(四)在体能训练中要尊重个体差异性

不同的运动员在其身体素质状况、篮球运动技术水平、竞赛周期及发展周期等方面存在一定的差异性,因此,教练员在对篮球运动员进行体能训练时,应该充分尊重运动员的个体差异性,要根据运动员的实际情况进行针对性训练。通过具有针对性的个性化体能训练,促使每一个运动员的体能素质都得到显著提升,从而为其之后专项技术的训练及比赛中技术、战术水平的充分发挥奠定良好的基础。

(五)坚持强化速度训练与伸展练习相结合

在篮球运动比赛中,良好的速度素质至关重要,运动员具备明显的速度优势,既能够赢得更多比赛胜利的机会,同时也能大大增加比赛的观赏性。但是,教练员在对篮球运动员的速度素质进行训练时,也应该注重与其他竞技能力的有机结合。例如可以将速度素质训练与力量素质、反应速度与平衡性等的训练进行充分融合,以实现体能训练效果的最优化。另外,教练员可以通过"短跳"训练的方法来增强运动员的加速能力,通过"长跳"训练的方法来增强运动员的速度耐力素质。不仅如此,还应该加强髋部、膝关节、踝关节等部位肌群力量的训练。除此之外,教练员还应该加强篮球运动员的伸展训练,特别是在正式开展体能训练与比赛之前,应该通过伸展训练的方式进行预热,以有效降低运动损伤的发生概率。

二、篮球运动员专项体能素质的训练方法

(一)加强对篮球运动员力量素质的训练

力量素质是篮球专项体能素质中非常重要的部分,它是增强运动员各项运动素质及提升篮球运动员运动水平的重要基础。篮球运动对运动员的爆发力有着较高的要求,这种爆发力主要包括下肢力量、上肢力量与腰背肌爆发力三个方面,运动员只有具备强大的爆发力,才能在比赛中及时调动全身各个部位肌肉的力量完成各种高难度动作,也才能更好地应对对手的攻击。在对篮球运动员进行力量素质训练的过程中,教练员应该根据篮球运动的专项技术特点与运动员的具体情况有针对性地设计训练方法。

例如教练员在对篮球运动员的上肢力量进行训练的过程中,应该以手指、手腕与手臂肌群力量训练为主,这些部位的灵活性能够在很大程度上影响篮球运动员投篮、传接球、运球、抢打球等技术动作的训练效果与掌握程度。另外,运动员身体的核心力量对其身体向各个方向的大范围移动及平衡性的维持等方面都具有十分重要的作用。在篮球比赛中,运动员在跑动、跳跃、投篮、翻转、急停、起动等动作中,都需要依赖身体的核心力量。因此,教练员在开展篮球运动力量训练的过程中,应该注重上肢力量、身体核心力量的训练,不断增强运动员身体各个部位肌肉的力量与灵活性,可以在日常训练中加入各种步法练习,如左右滑步、跨步跑、小步快跑等,也可以采用快速跑步抢球方法进行练习。

(二)加强对篮球运动员速度素质的训练

篮球比赛是一个争分夺秒、竞争激烈的对抗性项目。因此,在篮球比赛中,良好的速度素质能够给运动员带来很大的优势,如果运动员拥有快速移动的能力,就很容易在时间上占据更多的优势。所以有必要加强对篮球运动员速度素质的训练,具体可以从以下四个方面着手。

首先,运动员在做起动作之前,应该尽量保持站立的姿势,只有这样,

才能快速灵活地调动身体各个部位进行变化。

其次,速度训练的位移距离不宜太长,才能够对篮球比赛中快速抢球与抢位动作进行有效模拟与演练,也才能真正地发展运动员突破对方球员、挡人抢断的能力。

再次,教练员可以将定向变速与变向变速等多种方法相结合来对运动员的移动速度进行更加专业的训练。

最后,教练员可以将多个训练内容进行有机融合,以进一步增加运动员速度素质训练的难度,从而对运动员的速度素质进行综合训练。

在对篮球运动员进行速度素质训练的过程中,教练员可以在训练其专项力量的基础上,结合各种跑步练习的方法来进行。例如教练员可以组织运动员围绕某一场地一边跑动,一边做自抛自接练习,并且对运动员的抛球高度与速度进行相应的规定;也可以将运动员以两人为一组分成若干组,每组运动员都要练习运球、传球、投篮与快速传接球上篮等。除此之外,教练员还应该积极组织运动员开展快攻上篮的训练,使其在规定的时间内快攻上篮,如果超出规定的时间仍然没有成功,就对其予以体能加训。

教练员在组织运动员开展速度素质训练的过程中,应该注意以下四个方面。

一是尽量选择多种训练方法来进行,丰富多样的训练方法可以有效激发运动员的兴趣,同时还有利于增强训练效果。

二是教练员可以通过听觉信号与视觉信号来对运动员发出训练的指令,以对运动员的观察能力、判断能力及快速反应能力进行训练。

三是教练员在正式开展训练活动之前,应该注意观察运动员的身心状态,尽量选择在运动员身心状况良好的时候进行,这样做既有利于增强训练效果,又有利于降低运动损伤的发生概率。

四是教练员应该注意合理安排运动员的训练时间,尽量给运动员适当的休息时间,以便其机体能够得到很好的恢复,从而有利于避免运动性疲劳与运动损伤的发生。

(三)加强对篮球运动员耐力素质的训练

除了需要对篮球运动员的力量素质与速度素质进行训练,还应该注重加强对篮球运动员耐力素质的训练。如果运动员具备良好的耐力素质,那么在篮球比赛场上,就算因为意外情况而没有替补的时候,篮球运动员也可以凭借自身良好的耐力素质坚持完成整个比赛。教练员在对篮球运动员的耐力素质进行训练的过程中,应该与力量素质训练相联系。

关于篮球运动员耐力素质的训练,可以采用比较常见的变速跑训练法,例如8分钟中等强度20米变速折回跑训练法,在采用这一训练法的过程中,运动员需要高度集中注意力。首先,当听到第一声哨声时,在10秒之内,从起跑点迅速跑到折回点位置,当再次听到哨声时,又在10秒之内迅速跑回起始点位置;其次,当听到哨声时,在20秒之内从起始点跑到折回点位置,当再次听到哨声时,又在20秒之内从折回点跑回起始点位置;最后,在3秒之内冲刺到折回点位置,然后在27秒之内返回到起始点位置。如此循环反复练习8分钟。该训练法由于强度比较高,因此,教练员应该注意合理控制训练时间,要给运动员足够的休息时间。

(四)加强对运动员柔韧性与协调性的训练

在篮球运动体能训练中,很容易出现过于注重运动员的力量素质、速度素质与耐力素质训练,而忽略其柔韧素质和协调素质训练的情况,篮球运动强度比较大、技术动作比较复杂,而且碰撞比较多,如果运动员身体的柔韧素质与协调素质不够,就很容易导致运动损伤的发生。另外,良好的柔韧素质不仅对运动员运动效果与运动能力的提升具有很大的促进作用,同时还能够帮助运动员更好地发挥身体的力量素质、速度素质、灵敏素质等。在对篮球运动员身体柔韧素质与协调素质进行训练的过程中,应该注重科学选择训练方法,常见的训练方法如下:

教练员可以组织运动员仰躺在一个大软球上,要求其双臂置于胸前,双脚着地呈准备姿势,然后开始做仰卧起坐,一组做30次,一共做4组;也可以继续准备一个大软球,要求运动员准备姿势与上述动作一致,然后使身体做左右转体扭腰的动作,同样做4组,每组连续做30次。另外,当每次完成大强度训练之后,教练员应该组织运动员开展足够时间的拉伸训练,以对其身体各部位的肌肉进行放松,从而减少运动损伤发生的概率。

篮球是一项对运动员综合素质要求非常高的体育项目,而良好的体能素质是篮球运动员顺利完成整个比赛、充分发挥自身技战术水平的基础素质。因此,教练员在开展篮球运动员体能训练的过程中,应该根据不同篮球运动员的身体素质特征与比赛角色等情况,科学合理地制订体能训练计划,合理选择体能训练方法与训练内容,坚持遵循因材施教的原则,以保证体能训练的有效性,进而促进篮球队伍综合水平的整体提升。

参 考 文 献

[1]李韬.校园篮球课程教学方法改革与运用研究[M].北京:北京工业大学出版社,2020.

[2]熊宏齐.高等学校实验教学典型案例汇编上[M].北京:高等教育出版社,2019.

[3]商允祥.校园篮球文化建设与教学创新探索[M].北京:研究出版社,2022.

[4]练碧贞.校园篮球教学指导[M].北京:北京体育大学出版社,2022.

[5]武东海,王守力,孙国栋,等.球类运动竞赛式教学法 理论与实践[M].广州:中山大学出版社,2022.

[6]张益民,张照荣.使命与奉献 嘉高教坛星光璀璨[M].杭州:浙江工商大学出版社,2022.

[7]刘波,周兵.大学体育健康教程[M].北京:中国原子能出版社,2022.

[8]王晖,王向东.大学体育与健康教程[M].北京:中国社会出版社,2022.

[9]张象,余启政,李垂坤,等.高校公共体育数字化教程[M].北京:北京体育大学出版社,2022.

[10]毕永兴.校园篮球课程教学方法与改革人才培养研究[M].太原:山西经济出版社,2020.

[11]刘俊凯.校园篮球教学指导[M].开封:河南大学出版社,2020.

[12]许诺晨.校园情商书系 淘气大王董咚咚篮球明星[M].南京:江苏凤凰教育出版社,2020.

[13]魏敬,陈威.小学篮球教学的实践与研究[M].北京:九州出版社,2020.

[14]郑焕然.大学体育文化与运动教程[M].北京:北京理工大学出版社,2020.

[15]刘东风.体育教练执教的理论与实践初探[M].福州:福建人民出版社,2020.

[16]范榕.从校园篮球推广探析互联网+校园篮球的意义[J].文体用品与科技,2023(2):193-195.

[17]王中杰.篮球运动视角下的大学校园体育文化探析[J].青少年体育,2019(11):32-33.

[18]李前磊,韩姗姗.体教融合背景下校园篮球发展策略研究[J].文体用品与科技,2021(12):141-142.

[19]魏胜男.校园篮球训练方法探析[J].体育风尚,2021(1):62-63.

[20]罗赣,任贵.校园篮球文化的实质与发展探析[J].文体用品与科技,2021(11):135-137.

[21]任瑛.校园篮球发展的影响因素及对策探究[J].文体用品与科技,2021(8):134-135.

[22]连仁川.校园篮球文化促进高中生体育综合素质的探索[J].学苑教育,2023(10):57-58,61.

[23]张学领,庞士博.校园篮球发展的制约因素及对策研究[J].大庆社会科学,2019(1):122-124.

[24]周健.关于校园篮球文化的理性思考[J].文体用品与科技,2020(24):161-162.

[25]刘秦飞.校园篮球改革发展与推进策略[J].文体用品与科技,2020(23):130-131.

[26]杨焕鹏.当代大学校园篮球文化的构建研究[J].体育风尚,2020(11):86-87.

[27]郭世强.探析校园篮球文化发展的研究[J].体育风尚,2020(9):120-121.

[28]苏思强.中学校园篮球的困境和发展对策[J].体育科技文献通报,2020(7):166-167.

[29]陈力.大学校园篮球在复杂适应系统下的演变控制分析[J].当代体育科技,2024(7):155-158.

[30]田宝刚."体教融合"背景下校园篮球发展对策研究[J].青少年体育,2022(7):88-89.